低風險 低本金 高獲利

新手也能穩定獲利的

外匯交易入門

田向宏行／著
陳識中／譯

前言

愈膽小的人愈適合投資外匯

日本人很不擅長跟錢有關的話題。

我和熟識的同事聊天時，最多也只會聊聊房貸之類的話題，幾乎不曾聊過投資和資產運用的事。尤其很多女性甚至不敢跟男友或老公提到這類話題。

日本有句成語叫滅私奉公，自古以來便將無私地為公司工作視為一種美德，但這種觀念只適用於經濟高速成長的時代。在這個下一代很可能比父母輩活得更辛苦的年代，固守老舊的價值觀，可能會危及自己和家人的未來。

而且日本已進入負利率的時代。那種只要把錢託給別人代管，資產就會增加的時代，已經結束了。

○風險是可以控制的

在正式開始外匯的投資前，首先我要告訴各位一個觀念：投資時最忌諱的，就是企圖一把定勝負。

對於自己不熟悉的領域，是不可能一開始就大獲成功的。尤其第一次進場就砸入大筆金錢更是有勇無謀的行徑，只會徒然為自己和家人帶來巨大的「風險」。

風險是可以控制的。唯有同時懂得投資和控制風險的方法，才有可能用投資獲利。

投資必須膽小、慎重、一點一點地持續，增加臨場經驗，才能逐漸進步。不僅我自身是如此，在投資的世界中生存下來的，也都是膽小謹慎的人。純粹的賭徒無法成為投資家。

◯首先從10萬元開始

而本書正是為了擁有以上觀念，同時正考慮嘗試外匯投資的讀者們而寫的。在本書中，我將分享自己還是新手時犯過的錯誤，以及現在與許多人諮詢後領悟的道理，並向各位介紹如何在外匯投資的世界生存，還有即使是初學者也能簡單獲利的方法。

首先請從10萬日圓（約3萬台幣）的本金開始，腳踏實地地學習外匯交易的技術吧！如果手上的剩餘資產不到10萬，也可以用虛擬交易的方式練習。如果能用10萬的本金每月持續獲利5000日圓，雖然帳面上看起來不多，但換算成年利率的話，就有高達60％的收益率。

即使只有一半的年利率30％，也是委託任何一家金融機構都無法實現的數字，還能獲得自我學習、自己控制風險的成就感。

即使一開始只用10萬元練習，等到慢慢學會外匯交易的技術後再增加資金，就算是同樣的收益率，獲利金額也會大幅增加。

若拿著這本書的你也對日本經濟的未來，還有自己將來的收入感到不安的話，何不趁此機會一起來學習並嘗試看看外匯投資呢？

田向宏行

目錄

第 3 章

必要知識

避免外匯投資失利的必要知識

第4章 武器選擇

首先選擇一種賺錢的「武器」

第5章 武器應用

使用「最初的武器」開始交易！

第6章

基本分析

了解外匯波動的原因

〈使用說明〉

- 本書的目的為提供外匯（外匯保證金交易）相關的資訊。投資的最終判斷請由投資人自己負責。
- 本書所載之內容皆經過詳盡研究，但投資環境十分多變，依照本書記載之內容投資而發生虧損時，作者及出版商概不負責。
- 本書並無推銷任何特定證券公司或金融商品。
- 若無特別註明，本書所載之情報皆基於2016年5月25日。
- 外匯匯率為每日變動，其相關情報也有變化之可能。有關市場之最新資訊請上證券公司或相關金融機構網站查詢。

第 1 章

疑問

消除外匯投資的疑惑

什麼是外匯交易？投資外匯的又都是哪種人呢？我們常常聽聞某些人因投資外匯而大發橫財，但也時常聽到投資失利而賠光老本的故事。本章我們將為各位讀者解答「外匯交易是什麼樣的投資？又該準備多少本金？」以及「投資外匯真的能賺錢嗎？」等問題，誠實地告訴各位外匯交易究竟是怎麼一回事。

疑問1 什麼是外匯保證金交易？

外匯投資是不會被本國經濟左右的自由工具。

外匯保證金交易（FX／Forex，一種向銀行支付保證金，融資買賣外匯的衍生性金融商品。以下所說「外匯交易」和「外匯」皆指此種買賣），就跟不動產投資和股票一樣，是一種「讓錢為自己工作」的方法。

所謂「讓錢為自己工作」，便是不以付出一個小時的勞力來換取相對應的金錢，而是運用金錢本有的價值來賺取更多財富。而FX便是其中一種，全稱為「Foreign eXchange」，也就是「foreign＝外國的」、「exchange＝兌換」的意思，是種以美元和日圓等在外匯市場流通的「貨幣」為對象的金融商品。

○外匯交易，即是利用匯差謀取利益

投資外匯，便是在預期某國貨幣的**匯率**將會上漲時買進，然後等到實際升值

「讓錢為自己工作」
就是運用金錢
增加財富！

匯差的具體例子

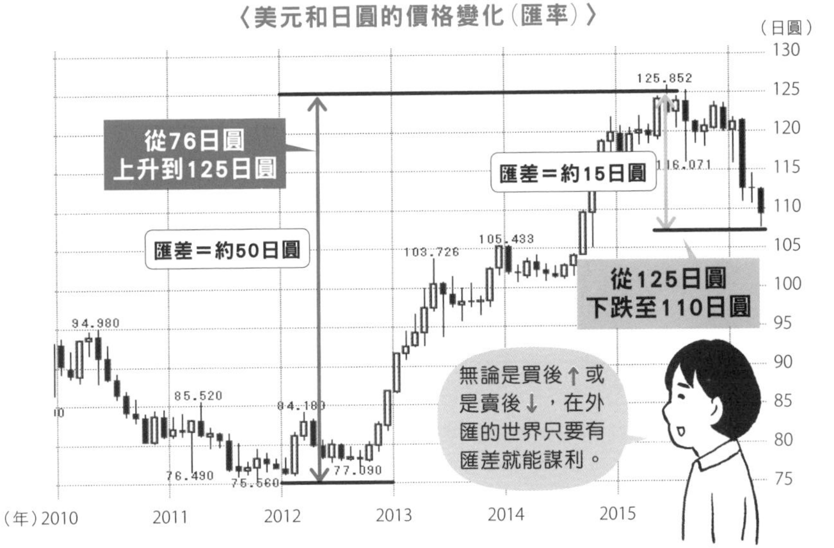
〈美元和日圓的價格變化（匯率）〉
（日圓）
130
125
120
115
110
105
100
95
90
85
80
75
（年）2010
2011
2012
2013
2014
2015
94.980
85.520
76.490
75.560
84.180
77.090
103.726
105.433
125.852
116.071
從76日圓
上升到125日圓
匯差＝約50日圓
匯差＝約15日圓
從125日圓
下跌至110日圓
無論是買後↑或是賣後↓，在外匯的世界只要有匯差就能謀利。

後再賣出，賺取升值的差額。相反地，如果預期匯率將會下跌，便先將其賣出，等到實際貶值後再買回，也能利用貶值產生的匯差獲利。

在各位的日常觀念中，「貶值」可能是負面的意思，但在外匯投資中卻不是如此。在外匯的世界，根本的問題不在於升值或貶值，最重要的是「價格變動了多少」。

在不動產或股票市場中，基本上如果不是預期會增值的商品，就算投資了也只會平白浪費金錢。

但在外匯市場上，我們可以利用匯差來獲利。透過先賣出後買回的方式，即使遇到貶值的情況也一樣能賺取利益。

不過「先賣出後買回」和「賣掉自己沒有的東西」這種思考方式，日

匯率

2國間兌換貨幣時的交易價格或兌換比率。常用的說法為「1美元兌100日圓10錢」。

FX的意思是「外匯保證金交易」。跟旅客在外幣兌換所或銀行兌換外幣的行為是不一樣的。

總之只要先記住
「有匯差就有錢賺」
就行了。

常生活中很難遇到，所以大部分的人應該很難想像吧。

然而，這個觀念在投資外匯時非常重要，我們稍後將更詳細地介紹。

○一元的起伏就算很大的變動

關於匯差的部分，實際看看外幣的價格波動應該會更容易明白。請各位參見前一頁的線圖。圖表中，美元兌日圓的匯率在2012年時為1美元兌76日圓；但因為11月民主黨・野田內閣的總辭選舉，以及接任的自民黨・安倍政府的**安倍經濟學**政策影響，2015年時匯率上升至1美元兌125日圓，產生了約50日圓的匯差。

套用剛剛的說明，本例即是「在低價時買進，待升值後賣出（瞄準升值產生的價差）」。然而之後匯率又下跌，在2016年3月時變為1美元兌110日圓。與前一時間點產生約15日圓的價差。此處即是「在高價時賣出，待貶值後買回（瞄準貶值的價差）」的例子。

而所謂的外匯投資，就是瞄準這50日圓的升值和15日圓貶值的價差。

順帶一提，上述兩例的匯差雖然是「50日圓」、「15日圓」，但實際交易時即使是1毛錢的價差也能獲利，1天內出現1日圓以上的波動就算很大的價格變

安倍經濟學政策
日本首相安倍晉三於2012年上台以來所實施的經濟政策。其中包含大幅的金融寬鬆措施，使日幣大幅貶值。

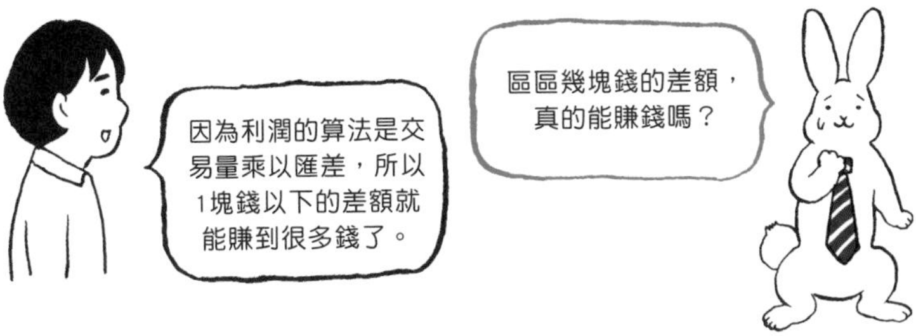
區區幾塊錢的差額，
真的能賺錢嗎？
因為利潤的算法是交易量乘以匯差，所以1塊錢以下的差額就能賺到很多錢了。

動了。換言之，此例的安倍經濟學可說是歷史性的大行情。

外匯和股票有什麼不同？

股票跟外匯都是利用商品的價差謀取利益，同屬錢滾錢的獲利模式。然而這兩者也有很多不同的地方。尤其是像我這種有股市投資經驗的人，很容易看到價格下跌就以為可以**逢低買進**（或者認為物有所值），馬上出手買進。這點請務必要小心。

投資外匯時若看到價格下跌，代表短期內還會繼續貶值，應該選擇「賣出」，鎖定貶值產生的匯差。

這就是現物買賣的股票，和投機買賣的外匯不一樣的地方。詳細的原理我們會在第3章解釋。如果沒有意識到這個差異，用跟買股票一樣的方法買賣外幣，很容易慘賠收場，一定要注意。

此外，股市投資的投資對象較多，想選定商品並不容易。例如目前可在日本的證券交易所買賣的股票就有約3500支，在這麼大量的商品中選出投資對象，是非常曠日廢時的作業。因此一般人最後往往會選擇證券公司推薦的股票。而且證券公司的獲利來源是買賣手續費，不是真心想幫助我們賺錢。相對地，外匯的投資對象主要為6個國家的通貨，一般最多也只有10～20種選擇，比起股票

逢低買進

在股票市場中為了盡可能低價買進、高價賣出，所以會盡量尋找股票現值低於公司本身價值（相對便宜）的公司買進。如果腦中只想到升值時的價差，很容易以為「下跌就可以逢低買進」。

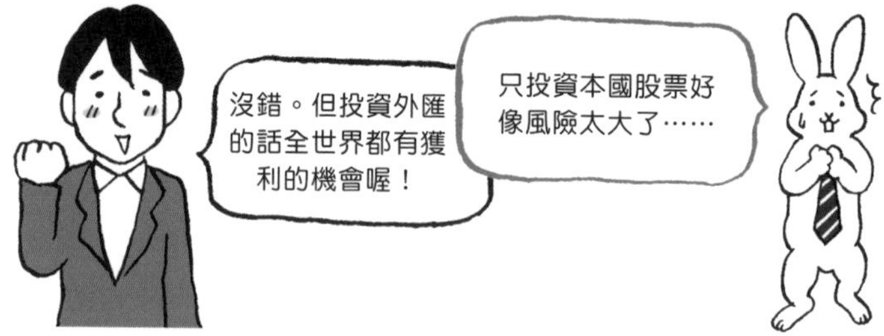
只投資本國股票好像風險太大了……
沒錯。但投資外匯的話全世界都有獲利的機會喔！

的種類少了很多。也有某些外匯投資者只專精特定1種外幣而獲得巨大利益。

○你有跟本國經濟同生共死的覺悟嗎？

在股票和外匯的種種差異中，我個人認為最重要的一點，就是全盤押注於本國經濟，或是跟隨世界的潮流。

1997年，日本最具代表性的四大證券公司之一，山一證券宣告破產。當時山一證券的員工中受創最深的，恐怕就是那些長期透過**社員持株會**購買自家股票的人。一夕之間，不僅公司破產、失去固定收入，手上的大量股票也瞬間成為廢紙。

而日本進入負利率的時代後，想必有不少人萌生「必須投資些什麼」的念頭，而選擇投資不動產吧？然而，不動產的價格高昂，即使是投資用的小型不動產也動輒數百萬日圓起跳。對投資新手而言，比起高達數百萬元、一次定勝負的投資，先投資門檻較低的外匯不是更安全嗎？投資不動產就跟投資股市一樣，不僅必須做好跟本國經濟同生共死的心理準備，價格還經常以數十萬元為單位在變動。而且最需要注意的是，不動產並非想脫手時就隨時賣得掉。日本泡沫經濟的時候就是這樣，即使想賣掉手中的股票和不動產，也沒有買家願意接受，結果根本賣不出去。這也是不動產和股票與外匯的一大差異。

社員持株會
隸屬某企業的員工，透過公司內部的特殊服務，定期購買自家公司股票的制度。

外匯的交易是在兩個國家的貨幣間進行的。這兩種貨幣的組合就叫「貨幣對（Currency pair）」

外匯與股票的差別

	外匯	股票（日股）
交易時段	週一7點～週六7點	平日9點～15點
商品數量	實質20～30	約3500
1天的交易額	約400兆日圓	約2～5兆日圓
收益＝價差	升值・貶值的價差	升值的價差（現貨）

住在日本、又在日本公司工作的人，如果把錢拿去投資日股，一旦日本經濟惡化，不僅自己的工作岌岌可危，股票和不動產的價值也可能一夕崩盤。「只投資日本」的話，不就等於讓自己陷入跟山一證券的員工一樣的處境嗎？

我認為，這是風險很大的做法。

但外匯不受日本經濟的好壞影響。一如我們在第10頁說過的，外匯投資是靠國際通貨的匯率差額賺錢，所以除了日圓之外，還可比較美元、歐元、英鎊、澳幣、加幣、紐幣、土耳其里拉等各個國家的通貨，選擇買進可能升值的貨幣，或是賣出可能貶值的貨幣來賺取差額利益。

所以外匯投資不會被單一國家綁住，只要貨幣之間存在匯差，全世界都存在賺錢的機會。

疑問 2

要準備多少本金？

剛開始不要投入太多資金。更不要中途追加！

我建議各位「先從10萬日圓（約3萬台幣）開始外匯投資」。對新手而言，可能還會覺得這個金額有點「大」。認為這個金額太多的人，可以先一邊用模擬交易練習，一邊存滿10萬日圓的本金。雖然不到10萬日圓也能買，但我希望各位能習慣在行有餘力的情況下投資，故建議以「10萬日圓」為基準。

相反地，如果認為「本金這麼少可以嗎」或「這樣真的賺得到錢嗎」，代表你屬於那種較容易在外匯投資失利的人。請務必小心。

○一旦被「欲望」支配，就會難以判斷情勢

剛開始投資外匯的這個階段，用網球來比喻的話，就像是第一次拿起球拍的階段，或是學開車時剛報名駕訓班的階段。

好想投資
外匯啊……
首先準備
10萬日圓
（約3萬台幣）

好想打網球啊……
老闆，
我要買這支
首先
準備球拍

外匯不會馬上賺大錢

	開車	外匯	網球
新手	報名駕訓班	剛開始玩外匯	第一次拿球拍
出師	學會開車	賺錢	贏得比賽

想賺錢
首先要練習！

在外匯市場賺錢的難度，
用常識想想就會明白。

一旦扯上金錢，很多人會在這個階段變得盲目導致慘賠。

各位認為，此階段的人有可能在全世界球手夢寐以求的溫布頓大賽出場，或是參加F1方程式賽車嗎？

在商場上，剛入公司的菜鳥員工也不可能上班第二天就成為戰力。相同的例子要多少有多少。

然而這種能用普通社會常識判斷的東西，一旦扯上「自己的金錢」，就會變得難以判斷。這就是「欲望」。故用於投資的本金應控制在不會影響正常生活、行有餘力的程度，然後不讓自己被欲望控制，冷靜地下單。如此一來便能產生自信，自然而然地在外匯市場賺到錢。

初學者一定會漏接很多球，也不可能馬上就能隨心所欲地讓車子前進。換言之，這原本就是會「失敗」的階段。

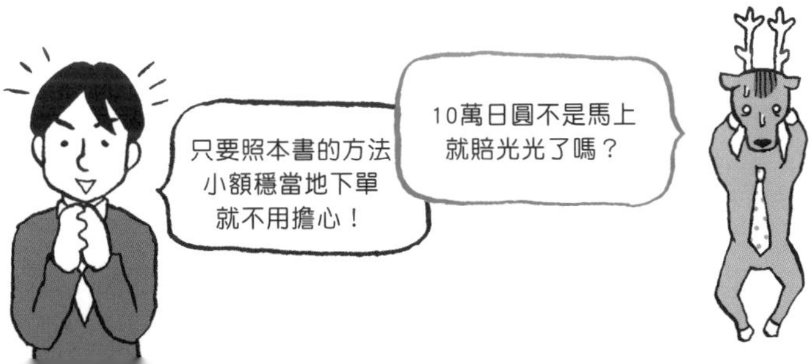
10萬日圓不是馬上
就賠光光了嗎？
只要照本書的方法
小額穩當地下單
就不用擔心！

明明會「失敗」這件事已經很明顯了，卻還準備大量資金，一口氣砸下去的話，最後只會全部付之一炬。市場不會因為你是新手就手下留情。

○新手時期即使本金減少，1年之內也不可追加資金

在一無所知的情況下投入外匯市場的人，大多會在三個月內就賠掉戶頭內所有的資金。無論本金是10萬、100萬，還是500萬都一樣。其中甚至有人一口氣賠掉3000萬。

這個人在聽說**次貸風暴**的時候，還誤以為是「某對兄弟鬩牆鬧翻」，卻不曉得「雷曼兄弟」其實是美國的大型金融公司。連金融市場上無人不知的公司都不認識的人，是不可能在外匯市場投資成功的。就算準備大筆資金，最後也只會全部賠光，成為市場上的冤大頭而已。所以我對任何人都建議他們從10萬日圓的本金開始，用最小單位持續下單，一點一點地磨練技術，慢慢增加收益。

最壞的情況，就是急著追加資金，想要一口氣賺回之前輸掉的份，或是加倍贏回來，結果投注大單後，反而賠掉更多錢。

次貸風暴

2008年9月15日，以美國投資銀行雷曼兄弟宣告破產為導火線，引發的全球金融危機。

愈賠愈多的典型模式

竟然輸了5萬元！
那就再買10萬元，一次贏回來！
哎喲，冷靜點……
一次追加10萬元可是很危險的喔！

這種做法跟賭博輸到脫褲的人沒有兩樣。明明還不懂得如何守住本金，一賠掉5萬元，就急著追加10萬元，然後再次賠得精光，愈輸愈多。

所以，剛開始投資外匯的第一年，請從10萬日圓的本金開始，不可中途追加資金。這就是第一條規則。只要準備好10萬日圓，就能開始第一筆外匯交易。

只要學會如何守住本金，外匯交易就是很穩當的投資法。月入一萬五並非遙不可及的夢。

疑問

3 外匯是高風險投資？

只要在交易時把賠錢的情況也考慮進去，就一點也不危險！

聽到要投資外匯，周圍的親朋好友大都會告誡「風險很高」，並勸你「還是懸崖勒馬」比較好……「我賠了整整五百萬」、「用高倍率砸了太多錢，結果負債累累」等失敗的故事在網路上更是數也數不完，因此很容易留下外匯是高風險投資的印象。

這是因為無論任何人，都會對不了解的事物產生恐懼、感到危險的緣故。

那麼，投資外匯的風險到底高不高呢？答案是，在認知不足的情況下投資外匯的確很危險；但只要按照順序一邊吸收知識一邊練習，外匯不見得是高風險的金融商品。

這點就跟本書開頭所舉的開車的例子，還有讓小孩子用菜刀的道理一樣。如果因為危險就一味躲避，就會錯失很多人生中便利的工具。首先認識這些工具的

只要學會如何控制降低損失（參見第5章），就會明白根本不用擔心虧大錢。

外匯很危險!?

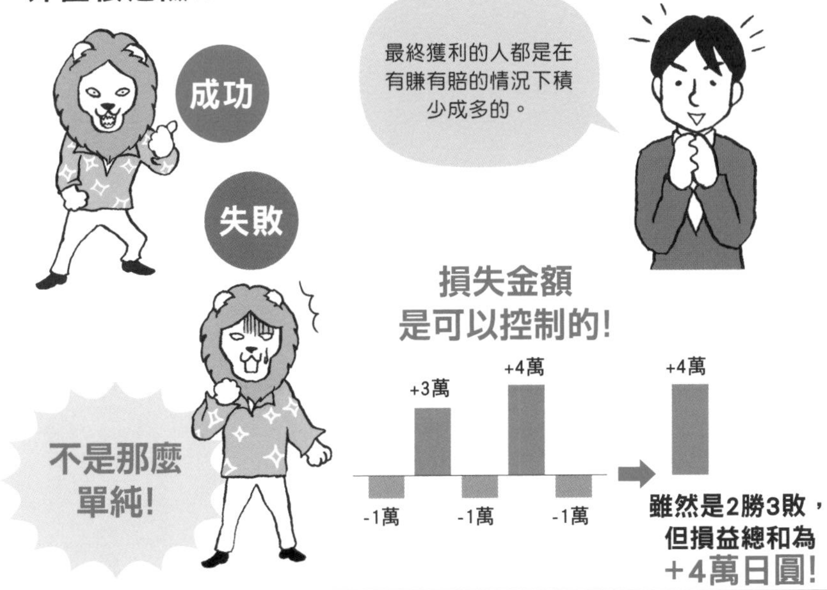
成功
失敗
最終獲利的人都是在有賺有賠的情況下積少成多的。
不是那麼單純!
損失金額是可以控制的!
+3萬
+4萬
-1萬
-1萬
-1萬
+4萬
雖然是2勝3敗，但損益總和為+4萬日圓!

危險性，然後慢慢學習正確的使用方法，才是面對它們的正確態度。

只要確實避開危險的部分，外匯可說是最穩當的投資法。

認為外匯投資很危險的人，通常是因為害怕買賣時「賠錢」的時候。

買賣外匯一定會有賠錢的時候。然而把時間拉長到一個星期、一個月、甚至一年，在賠錢的時候控制損失，使整體損益為正值，才是外匯投資的正確做法。只要把損失當成獲利的成本，應該會更好理解。

會對一次的損失念念不忘，乃是因為缺乏投資也需要成本的觀念，又或是仍想著要一把決勝負。外匯乃是一種運用交易技術，透過持續的交易一點一點累積利益的樸實投資法，不

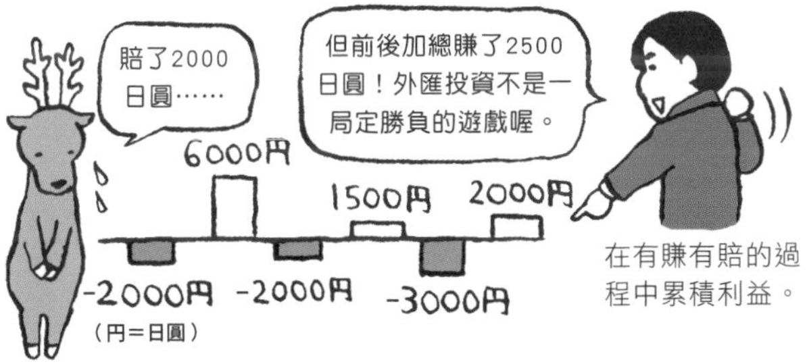
賠了2000日圓……
但前後加總賺了2500日圓！外匯投資不是一局定勝負的遊戲喔。
6000円
1500円
2000円
-2000円
-2000円
-3000円
（円＝日圓）
在有賺有賠的過程中累積利益。

是像賭博那樣把勝負全部壓在一注的遊戲。只要學會足夠的知識，就能在投資時建立好幾層避免損失擴大的保險機制。事實上，日本可供開戶買賣外匯的投資銀行，全部都受到金融廳的監督，有義務提供客戶嚴格的保險機制，以保護個人的資產。

對大部分的人而言，外匯是一種新的挑戰，充滿了未知和不確定性。

雖然一開始可能會覺得很難，但只要持續交易下去，很快就會熟悉外匯的專門術語和交易原理。無論在任何領域，剛入門時都會遇到很多需要記憶的專門術語，這是很正常的。

由於外匯市場是全世界的人都能進行交易的地方，所以外匯術語中很多都是英文。雖然這麼寫會讓英文不好的人望之卻步，但請各位仔細想想，近年日本商場上也愈來愈多源自英文的術語，例如用「CEO」取代「社長」、用「phase」取代「階段」、用「alliance」取代「合作」等。外匯的領域也是一樣的道理。不需要害怕，遇到不認識的單字只要查查字典就行了。

例如通貨組合之一的
美金／日圓，通常寫做
USD／JPY。

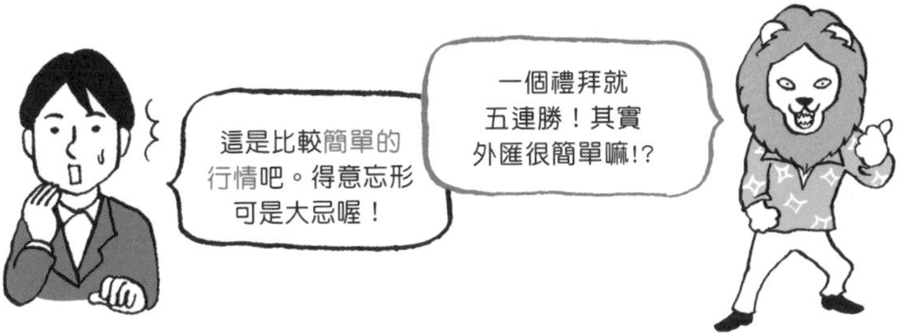
一個禮拜就
五連勝！其實
外匯很簡單嘛!?
這是比較簡單的
行情吧。得意忘形
可是大忌喔！

○外匯市場存在容易預測的行情，也存在難以捉摸的行情

當市場價格容易預測，行情朝自己所想的方向變動時，報酬也會迅速增加。有時甚至會讓人以為自己說不定是投資天才。就連初學者也能意外地賺到大錢。然而，這種幸運的狀態不會永遠持續；在容易預測的行情過後，常常會出現連老手都難以駕馭的行情。所謂難以駕馭，就是指難以預測未來價格走向的狀況。這種行情通常不易獲利，賠錢的次數也會增加。但由於老手們知道如何在遇到這種情況時避免致命的虧損（資金管理），所以能在外匯市場長久生存，並持續累積收益。在能賺錢的時候確實提高收益，並在不易賺錢的時候控制損失，就是在外匯市場生存的訣竅。

但是，對某些人而言容易掌握的行情，在別人眼中卻可能很難判讀。這是因為每個人的交易方法（交易風格）不一樣。所以一個行情究竟是簡單還是困難，必須自己累積經驗後方能理解。

歡迎加入
我也要加入！
需要經過千錘百鍊
的外匯世界……

疑問 4

投資外匯的都是什麼人？

只要懂得風險管理，小學生也能靠外匯賺錢。

在我認識的人中，從11歲到85歲都有人在投資外匯。當然11歲的人是跟父母一起用監護人的帳戶在交易，但判斷行情的的確是本人，所以也可說是小學生的外匯投資者。他的父母似乎把金融教育視為國際教育的一環，考慮到下一代有天也可能會去外國發展而這麼做。

○大部分都是「兼職投資者」

根據市調公司的問卷調查，從年齡層的分布來看，有從事外匯投資的男性大多介於20歲～50歲，女性則是30～60歲。而實際上我在外匯投資者聚集的**線下會**和FX研討會遇見的，大多也都是這個年齡的人。近年女性的數量更是逐漸增加當中。

大部分日本銀行開戶的
最低年齡都是
「20歲以上（有例外）」。

專業操盤手和兼職投資者

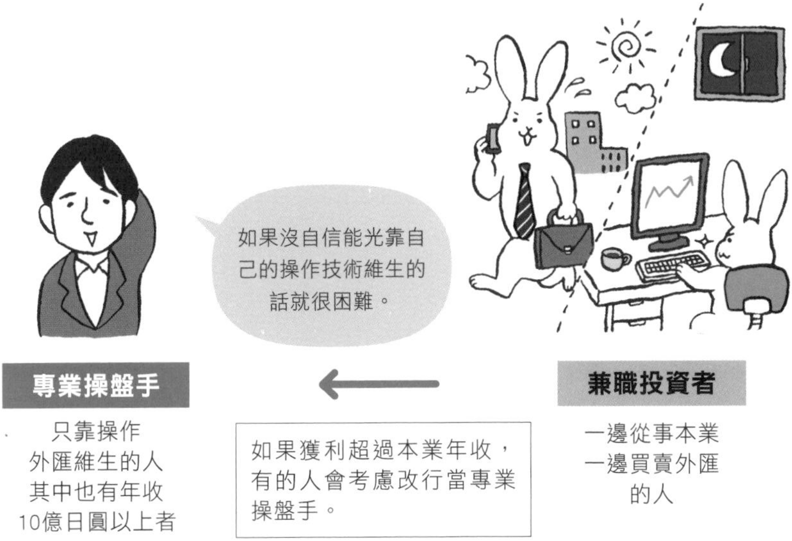
如果沒自信能光靠自己的操作技術維生的話就很困難。
專業操盤手
只靠操作外匯維生的人其中也有年收10億日圓以上者
如果獲利超過本業年收，有的人會考慮改行當專業操盤手。
兼職投資者
一邊從事本業一邊買賣外匯的人

而其中大多數的人都不是以操作外匯維生的「專業操盤手」，而是在公司上班或自己做生意，**擁有其他本業，利用閒暇時間操盤的「兼職投資者」**。

○專業操盤手的年收甚至可達10億日圓

一般而言，以「兼職」起家、從少額本金開始謹慎投資的人，如果收入慢慢增加，最後甚至超過本業年收的話，就會面臨要繼續維持「兼職」，或是離職轉行為「專業操盤手」的選擇。

而從年收入來看，有的專業操盤手每年甚至可賺到10億日圓，但也有的僅能勉強維持盈餘。不過平均而

線下會

在網路社群認識的投資者們，於現實世界見面交流的集會。參加線下會不僅可增加投資的夥伴，還可直接交換情報，是提升實力的捷徑。

只要具備技術，無論任何年齡皆可賺錢，也是外匯投資的魅力之一。

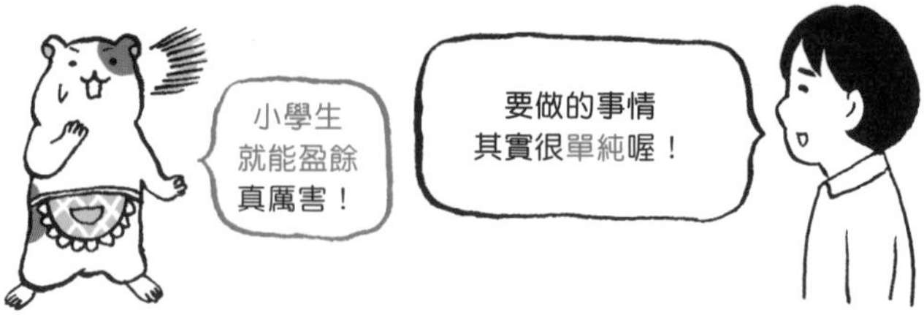
小學生
就能盈餘
真厲害！
要做的事情
其實很單純喔！

言，專業操盤手的收入應該都有1千萬日圓以上。因為若不能賺到這個數字，**拋棄穩定的工作轉靠外匯買賣維生將很有風險**。

然而「兼職」也不是壞事。在本業穩定的收入外，若能額外月入數千元至數萬元，就已經足夠讓生活更加寬裕了。

○從第二年開始轉虧為盈的小學生

兼職的投資者中，很多人剛開始的那幾年常常失敗，也有人因為對市場的知識不足和經驗太少而賠錢。

然而前面提到的小學生卻在投資第二年就開始獲利，所以只要做好該做的事，避開該避開的地方，就能取得一定的成果。**即便不是天才，只要成為具備一定知識和經驗，某種意義上的「外匯職人」就夠了。**

在第1章，我們回答了「實際上外匯投資究竟是怎麼回事？」這個問題。所謂的外匯，只要確實做好風險管理就一點也不可怕。我自己也是透過不懈的努力和學習才有了今天的成果。

而在接下來的第2章，則將為各位介紹「外匯的防守法」，也就是如何從風險中保護自己的方法。

被誇獎了～

明明只是在線圖上尋找
特定的「線形」而已啊！
（P77、84也有介紹
這位小學生的故事）

第 2 章

觀念

獲利和風險的觀念

外匯是種高風險・高報酬的投資，各位是不是都這麼想呢？其實真正用外匯賺到錢的人，遇到高風險的狀況是不會出手的。風險管理就是投資的一切。做得到風險管理的人就會賺錢，做不到的人則會賠錢。本章我將為各位介紹幾個有助於掌握風險，妥善控制它們的觀念。

觀念 1

鎖定低風險・高報酬

只要理解「風險」的意義，就不會把外匯當成賭博，而是投資。

在開始實際操作外匯前，本章首先要向各位介紹幾個可以保護自己的觀念。

若將損失減到最低，外匯就一點也不可怕，再來只要追求利潤就好了。

一般而言，外匯常給人「高風險・高報酬」的印象。像銀行定存這種，即使沒有半點金融知識，只要把錢存入戶頭就能坐收**利息**的投資，屬於低風險・低報酬的投資。而外匯不同於定存，是種需要專門知識的投機性交易（參見P48）。如果由一無所知的人來操作，風險當然很高，甚至可說是有勇無謀。換言之，「外匯是高風險・高報酬」這句話，其實是以「門外漢來操作外匯交易」為前提。

在一無所知的狀態下操作外匯，就跟憑感覺壓注價格會上揚下跌的賭博沒有兩樣。猜中的話就能大賺一筆，猜錯的話就輸得精光。

利息

將本國貨幣或外幣存入銀行，銀行支付給用戶的補償性費用。金額本身稱為「利息」，而全年可得利息相對於本金之比率則稱為「年利率」。

有風險的話
就不想嘗試啊，
感覺好可怕……

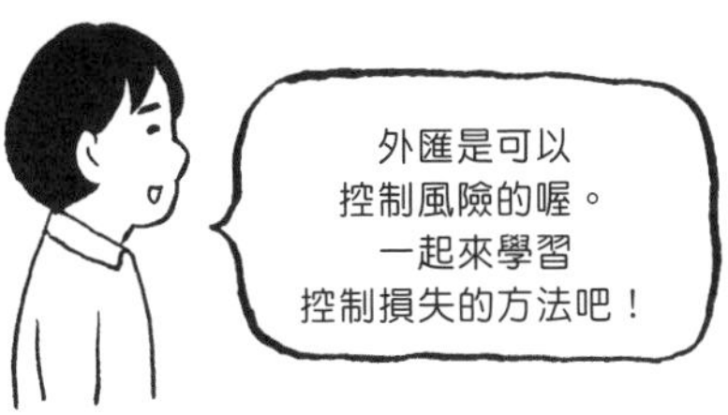
外匯是可以
控制風險的喔。
一起來學習
控制損失的方法吧！

如果能夠控制風險，就能增加利潤

一般「**風險**」這個詞常常被當成「損失」的意思使用，但在金融術語中，風險指的是「不確定結果的狀態」。換句話說，外匯交易的「風險高」，其實是說若操作外匯時賠錢的話，無法確定會出現多少損失的意思。

能用外匯賺到錢的投資者，是不會在風險高（不知道會出現多少損失）的時候出手的。真正的投資者，只有在確知投資失利會產生多少損失時，才會進場買賣。換言之，只要能確知損失的程度，就能消除不確定要素（風險）。

而擁有自己的交易風格、稱得上外匯職人的投資者們，更是清楚知道自己的操作方式有多少機率能獲得利益。而且就算實際狀況背離預想，也能將損失控制在一定範圍內，不會危及整體資金。因為他們懂得這種兩段式的風險管理，所以才能在長期的外匯交易中累積利益，增加資產。

好比汽車有時也會成為跑在路上的凶器。然而只要遵守交通法規，並具備適當的駕駛技術，大多數人仍選擇依賴汽車生活。而外匯也一樣，只要習得適當的知識和技術，就能實現低風險・高報酬的目標。

風險
投資時對於未來價格變動的不確定性，同時包含損失與獲利兩種可能性。

只要累積
足夠的技術和經驗，
就能學會
提高報酬的方法。

專業投資人和新手的差異

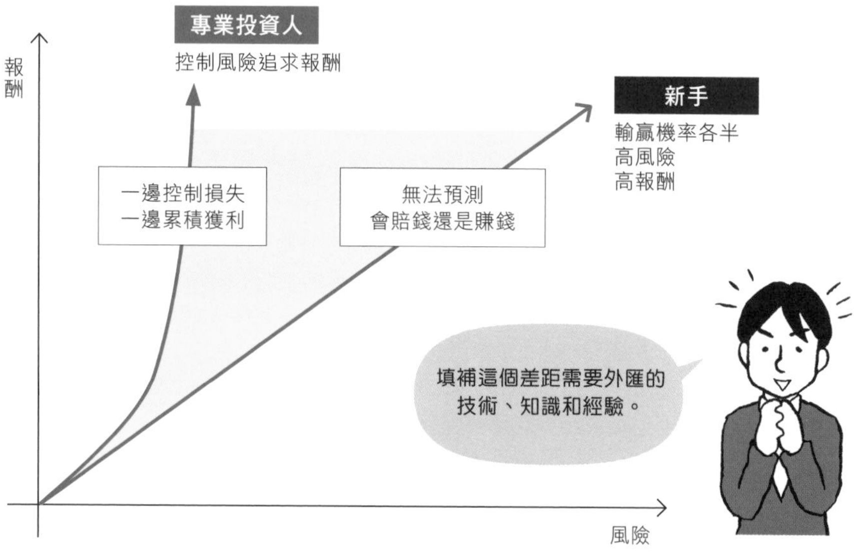
專業投資人
控制風險追求報酬
報酬
新手
輸贏機率各半
高風險
高報酬
一邊控制損失
一邊累積獲利
無法預測
會賠錢還是賺錢
填補這個差距需要外匯的
技術、知識和經驗。
風險

投資外匯失敗的3種原因

在券商開戶投資的人，約有九成都會失敗（**退場**）。或許就是因為這樣，外匯才會被認為是高風險・高報酬的投資。

然而，一如我們在第1章說過的，才剛開戶就馬上開始買賣外匯，就跟才剛進駕訓班就馬上開車一樣，是不可能順利賺到錢的。

尤其在外匯市場失利的人，往往都是因為同樣的錯誤而賠掉資本。成功的方法每個人都不同，但是失敗的方式卻全都一樣。也就是說，只要避開那些典型的錯誤，就能大幅提高成功和生還的機率。而在外匯市場失敗的原因通常只有三種。

退場
失去所有投資外匯的資金，無法繼續進入市場。

投資外匯失敗的3種原因

① **不做功課** ………… 不親自研究調查，全憑運氣下單

② **下單手數太大** ………… 本金只有10萬元，卻一次下單5萬元

③ **控制不住欲望** ………… 明明不是進場的時機卻還是進場

失敗的方式是一樣的！

①**不做功課**＝沒有認真研究過外匯，全憑「運氣」買賣而賠光資金。

②**下單手數太大**＝妄想利用資金槓桿一獲千金或加倍贏回之前賠掉的錢，結果賠得更多。

③**控制不住欲望**＝忘記獲利這個根本目的，敗給自己想下單的欲望，通常不會有好結果。

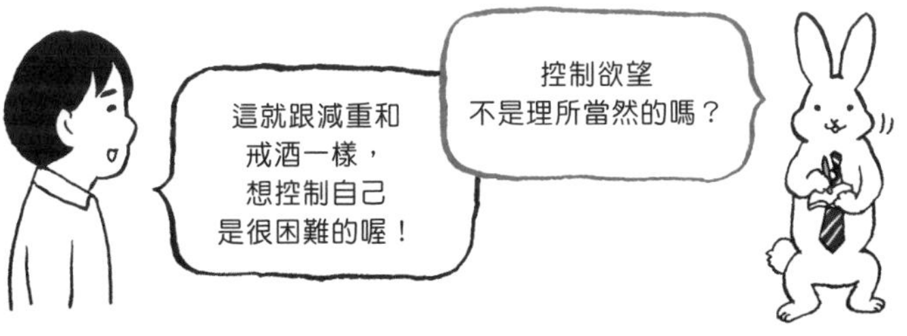
控制欲望
不是理所當然的嗎？
這就跟減重和
戒酒一樣，
想控制自己
是很困難的喔！

觀念 2

怎樣才能賺大錢？

即使不運用高資金槓桿也能增加獲利。

外匯的魅力，在於只要學會知識和技術、能夠熟練地交易之後，便可有效率地獲取利益。一如成長中的企業靠銀行融資擴大事業，外匯交易也是靠著搭上行情，運用**資金槓桿**來賺取巨大的利益。

○能賺大錢的都是投資年數長的人

所謂的資金槓桿，簡單說就是借別人的錢來投資。例如外匯保證金交易也是向券商借錢，進行金額大於自己本金的交易。這種方式的投資報酬率雖高，但失敗時損失也很多。換言之就是一柄雙刃劍。勝利組的投資人可靈巧地運用這個機制來增加獲利；而不會用的人則往往損失慘重。這跟前一頁提到的風險管理是相同的道理。尤其是初學者還不懂得妥善控制風險，很容易無意間下了太大手的單

資金槓桿（leverage）

在外匯投資的世界中，槓桿代表「融資金額相對於保證金的倍率」。語源「槓桿（lever）」一詞即是用較小的力量搬動重物的意思。詳細解釋請參見P72的內容。

「賺大錢」不見得一定要「運用高槓桿」

只要拿出1000元
就能進行
25000元的買賣
最高可達25倍！
券商
25倍
那我就用
最高的
倍率！
那樣
太危險了！
先從1～2倍
開始吧。
一旦賠錢
也是25倍喔！

子，結果失敗收場。使用槓桿進行風險管理乃是外匯投資的樞紐，並非剛入門的新手就能輕易掌握的。

對於這類初學者而言，只有一種方法可以不用高資金槓桿也能增加收益。那就是時間。在外匯市場用大手數下單，還能賺得大筆報酬的，都是投資年數長的人。即便一開始只有10萬日圓的本金，若每個月能賺1000日圓，一年後本金就能增加到11萬2000日圓。隨著獲利慢慢累積，本金便會愈來愈多，一次能下單的手數也會慢慢增加，能夠賺得更高的報酬。所以說，避免退場，在市場上生存下去才是最重要的。

滾雪球的時候也是一開始很小顆，然後滾一段距離後，才會變得愈來愈大。小雪球不會一下子就突然變

學會不失敗的方法就能
→避免無謀的投資行為
→在市場上存活下來並增加資產
與以上兩者息息相關。

資產形成的示意圖

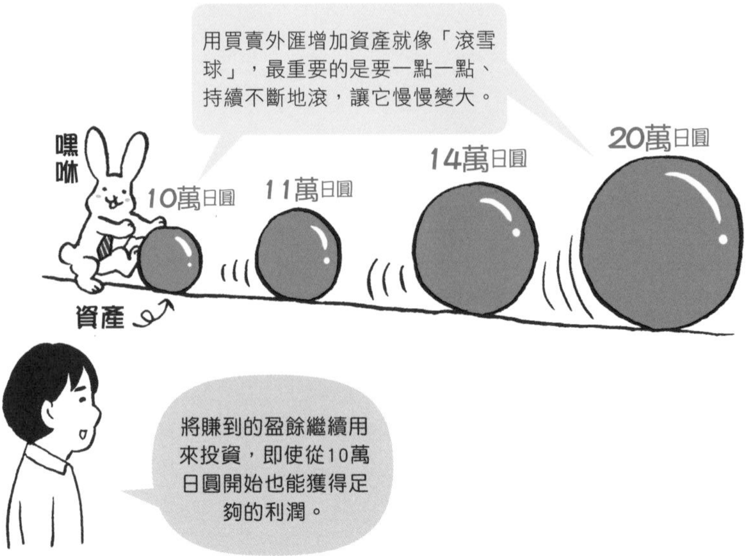

成巨大的雪球。一點一點慢慢滾下去才是最重要的。

外匯也一樣。即使一開始下單金額不高，但只要持續下去資金就會愈來愈多。

然後就像滾雪球一樣，在什麼地方滾、用什麼方式滾，都會影響最後的結果。在平坦的地面滾雪球，就算滾得再辛苦也不容易滾大；在有點坡度的斜面上滾會更有效率。話雖如此，在陡峭的斜面上滾雖然速度較快，雪球可以一下子就變得很大，但滾壞的可能性也很高。根據雪質和坡面狀況調整滾動的速度，抓住其中的平衡，才是把雪球滾大的訣竅。

而外匯也是如此，比起高風險．高報酬，一注定勝負，長久持續才是讓資產愈滾愈多的必要條件。

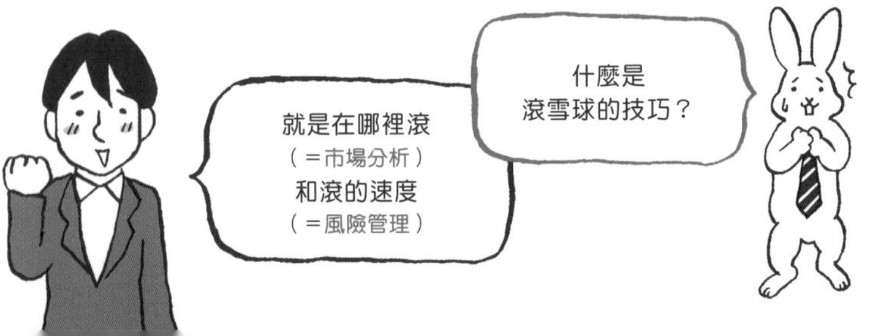

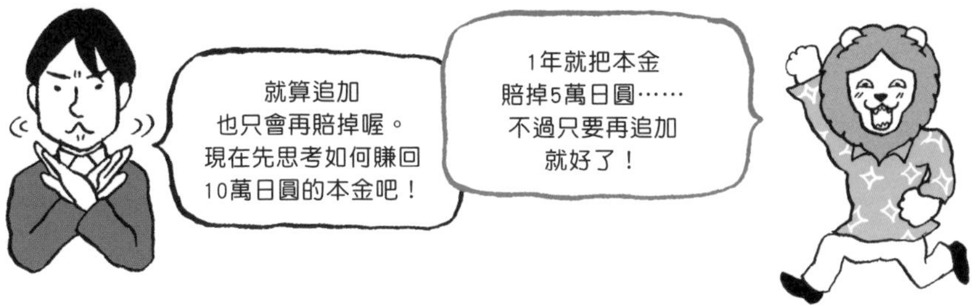
1年就把本金
賠掉5萬日圓……
不過只要再追加
就好了！
就算追加
也只會再賠掉喔。
現在先思考如何賺回
10萬日圓的本金吧！

無論資金運用效率是高是低，只要長久維持，總有一天會變多。妄想在短時間內一口氣決勝負的人並不適合做外匯和投資，更適合當個孤注一擲的賭徒。

先建立技術再增加本金

除此之外，還有一種方法能增加資產。

最開始捏的雪球愈大，便能愈快把雪球滾大。外匯也適用同樣的道理。投資時最初的資金稱為**本金**；而本金愈高，同樣利率的實質利息就愈多。然而沒有人一開始就擁有滾動大雪球的技術。所以我們前面說過，剛入門時請先用10萬日圓（約3萬台幣）練習。運用這10萬日圓，在半年至一年內，試著選定一種操盤方法（本書建議使用移動平均線）然後精通之；屆時如果手上還有多餘的資金再來追加本金，才是增加資產最有效率的方式。

本金

投資外匯和股票時的第一桶資金。當交易的結果出現虧損，拿回的金額比本金還少時，就叫做「賠本」。

觀念 3

用適合自己的方法就夠了

投資外匯時建立自己的交易風格是最重要的。

我們說過投資外匯的成功法門因人而異（參見P33）。勝利組的投資者每個人都擁有自己專屬的武器，並只在這個武器能發揮效用的時候進場謀利。就好像運動比賽和玩遊戲時，每個人都有自己擅長的技巧。投資外匯時只要善用自己擅長的技術，就是在戰場上生存的最好方法。

市場是個包羅萬象、瞬息萬變的地方。尤其外匯市場非常容易受到**各國央行的利率**、經濟狀況、**重要人士的發言**、經濟指標、市場謠言等眾多因素影響，出現複雜的變化。想在所有時機都賺到錢可說是「巴蛇吞象」，現實中不可能有人能做到那種事。操作外匯時只要專注在自己能確實獲得高報酬的時候就夠了。

例如挑戰美國大聯盟的日本棒球選手鈴木一朗和松井秀喜，兩人的打擊風格就完全不一樣。他們雖然同是足以名留青史的偉大選手，卻用不同的風格活躍於

各國央行的利率
各國中央銀行訂定，貸款給一般銀行時的利率（基準利率）或10年期國債。

重要人士的發言
各國央行總裁或政府關係人的發言。其發言內容有時會大幅影響匯率的升貶（參見P148）。

開始投資外匯後，
首先選定特定一種方法
並堅持下去
是非常重要的！

球場上。

外匯也一樣，建立自己的風格是最重要的。不要被他人影響，貫徹自己的原則，方能取得最大的利益。當然，剛開始時可以模仿別人。同時本書會教導各位如何使用可預測價格變化的工具，也是技術指標之一的「移動平均線（參見P98）」來進行交易，請務必參考看看。

半年內堅持一種操盤手法

而最重要的是，一旦選定某種操盤手法後，至少要堅持貫徹半年左右。如此一來，方能累積自己的操作紀錄，搞清楚自己如何操作容易成功，又容易在什麼情況下失敗。這份資料將是建立自我風格的基礎。

所以首先請找到自己擅長的操作模式吧！找到之後也不要三兩下就跑去嘗試別的方法，應該徹底檢證一種方法，並建立客觀的紀錄。那份紀錄將成為你的自信，變成決定自我風格的判斷材料。

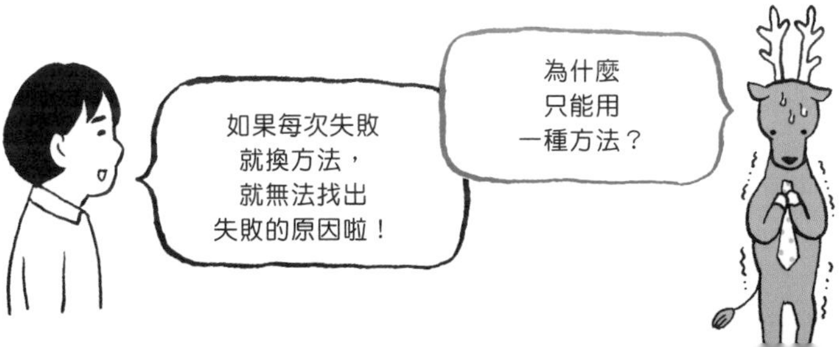
為什麼
只能用
一種方法？
如果每次失敗
就換方法，
就無法找出
失敗的原因啦！

觀念 4

決定一開始的武器

首先是選定一種基本手法，腳踏實地地練到專精看看！

剛開始操作外匯，上網或看書查資料後，你會找到很多不同的方法（操盤手法）。像前銀行**交易員**那種專業人士，或是像我這種散戶投資者，都會介紹許多各自不同的操盤手法。然而，此類介紹投資方法的書籍或文章，恐怕大多都是為了出書或經營部落格，讓頁數看起來更充實而寫的。因為一個人實在不太可能同時使用那麼多種操盤手法。

我自己也有經營部落格「虹色FX」，並在西原宏一先生的電子郵件雜誌擔任編輯，為讀者介紹以移動平均線為主的技術分析手法，偶爾也會使用**布林通道**。然而，最多也就使用3到4種工具。頻繁地介紹數種操盤手法的人，實際上可能沒有常常使用它們，只是為了出書才寫進去而已。

的確，市場是個千變萬化的地方，所以一般人常常以為若能熟知各種不同技

交易員（Dealer）
使用公司分派的資金投資外匯和股市，為公司謀取利益的職業。

布林通道
技術分析使用的指標之一。可運用統計推知價格巨大起伏的時機。

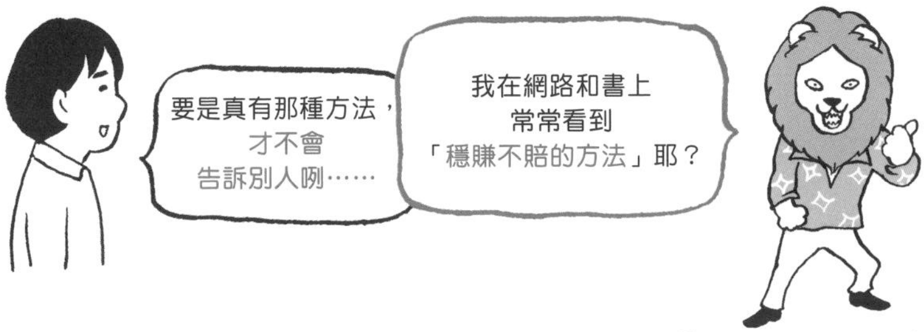
要是真有那種方法，
才不會
告訴別人咧……
我在網路和書上
常常看到
「穩賺不賠的方法」耶？

巧，會更容易在市場上披荊斬棘，但這是錯誤的。在任誰都能賺到錢的行情時，無論使用何種技術分析工具，大概都不會失敗；而遇到連老手都難以正確判斷的局面時，通常無論使用哪種工具都不容易成功。這世上不存在萬能的操盤手法。如果真有那麼神奇的東西，也不可能大方地介紹給其他人。

○即使學會很多種操盤手法，也不會成為萬能的投資者

在新手的階段，專心一志地摸熟一種基本的操盤手法乃是最重要的事。因為這將會成為你的第一項武器。當然，只會一種方法的話，肯定會遇到不管用的場面；但初學者就算因此去學別種方法，最後也只會白繞遠路而已。在外匯的世界追求100%的勝利是不可能的，唯有腳踏實地專精一種基本的操盤手法，才能更深地理解外匯的世界，並有所收穫。

本書後章將為各位介紹技術分析工具之一的單純移動平均線，但這並不是說各位只可以用這種方法。選擇介紹單純移動平均線，是因為很多操盤手法和技術分析皆以此工具為基礎，有利於未來的應用。

如此一來，各位進行外匯交易所必需的第一個武器就決定好了。

接著大家應該都摩拳擦掌，很想馬上開始實戰了才對。但在那之前，如果你對外匯一無所知的話，還是得先具備最低限度的知識才行。

關於移動平均線的部分
請參見P98的內容。
該章節會教導各位
如何將之用於實戰。

精通一種手法

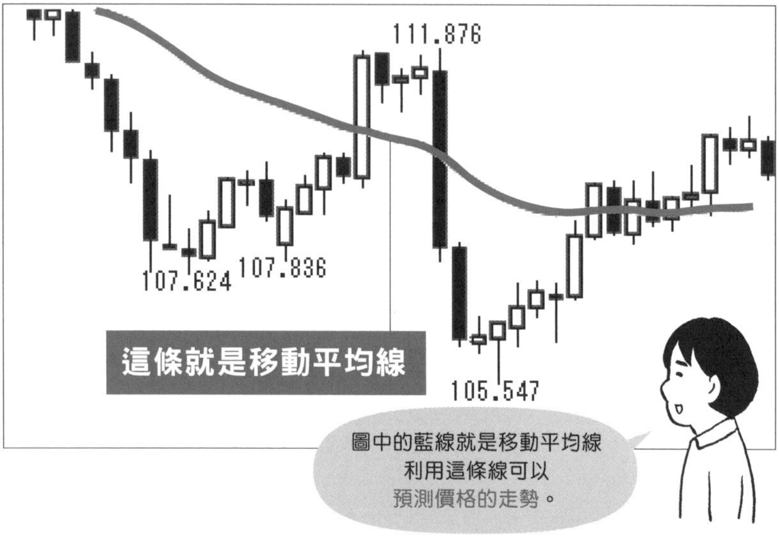
111.876
107.624
107.836
105.547
這條就是移動平均線
圖中的藍線就是移動平均線
利用這條線可以
預測價格的走勢。

任何事情都一樣，必須確實打好基礎，對該領域有充分的了解，才是邁向成功的第一步。

那麼首先，就讓我們用虛擬交易的方式看看實際的交易畫面到底長什麼樣子吧。

移動平均線的
一大特色
是在視覺上既簡單
又容易判讀。

第 3 章

必要知識

避免外匯投資失利的必要知識

「總之先憑感覺買買看吧！」用這種方式投資外匯，可是會吃到苦頭的。投資會失敗，通常是因為不懂得投資的規則。在踏入新的領域前，一定要先搞清楚那個世界的遊戲規則。而首先要理解的是，外匯買賣是一種跟日常生活的購物截然不同的特殊交易行為。

必要知識 1

虛擬交易

學習看圖表

用虛擬交易親自體驗看看外匯的交易吧！

用嘴巴說「我要買美金」雖然簡單，但因為日常生活中很少有人沒事會跑去買美金，所以很多人可能根本不曉得該怎麼才能買到美金。因此，首先讓我們一起透過虛擬交易頁面，看看外匯的買賣究竟是怎麼回事吧！

大多數的虛擬交易功能都不需要在券商開戶即可試用。大家只要在網路上搜尋「虛擬交易（模擬交易）」，馬上就能找到很多家券商提供的虛擬交易頁面。創建好虛擬帳戶後，就請各位立刻點開圖表看看吧！大多數的虛擬交易所功能只要輸入電子郵件，就會收到一組登入用的ＩＤ和密碼，用它們登入虛擬帳戶後，馬上就可以開始虛擬交易。

那麼，接下來我會為各位介紹最基本的功能，並帶各位看看究竟該如何下單買賣。

在此我們將用日本Central Tanshi FX公司提供的「Quick chart trade demo

虛擬交易並不會
真的用到金錢，
請放心地大膽嘗試吧！

點開圖表後，請確認以下幾點

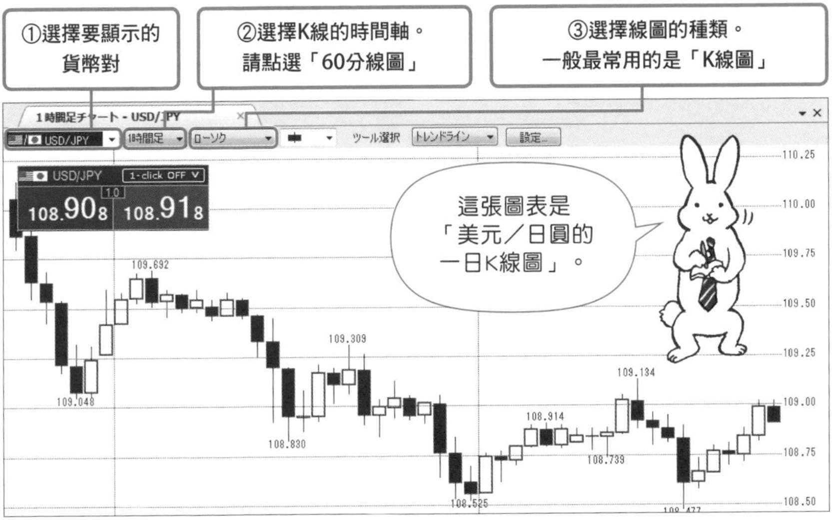
①選擇要顯示的貨幣對
②選擇K線的時間軸。請點選「60分線圖」
③選擇線圖的種類。一般最常用的是「K線圖」
1時間足チャート - USD/JPY
USD/JPY
1時間足
ローソク
ツール選択
トレンドライン
設定...
USD/JPY
1-click OFF
108.908
108.918
這張圖表是「美元／日圓的一日K線圖」。
109.692
109.309
109.134
109.048
108.830
108.914
108.739
108.525
110.25
110.00
109.75
109.50
109.25
109.00
108.75
108.50

本圖擷取自Central Tanshi FX公司「Quick chart trade demo plus」服務之示範畫面

plus」虛擬交易服務進行示範。

上圖乃是外匯價格的走勢圖。請各位看看圖表的內容。線圖的上方，由左而右分別是①目前顯示的貨幣對、②時間軸、③圖表種類。

在這個畫面中，①的「USD／JPY」代表該圖表顯示的是「美元／日圓」，②的「60分線圖（1時間足）」表示該線圖為每小時的價格變化。然後③的部分請選取「K線」，將圖表設成K線圖。基本上大部分的券商圖表都是使用這樣的項目設定。

下一頁我們將繼續介紹實際上該怎麼下單。

線圖的種類有很多種，但大多數投資人用的都是「K線圖」。

必要知識 2

虛擬交易

練習下單

用虛擬交易練習買賣「美元／日圓」吧！

接著讓我們來看看外匯的買賣究竟是怎麼一回事吧！下單的時候，必須使用左頁圖中的「Quick order window（Quickオーダーウインドウ）」。

這次我們要交易的是線圖中顯示的美元／日圓，下單前請先確認「貨幣對」是否為「USD／JPY」（參見左頁的畫面）。確定後，接著要選擇合約單位，也就是你想交易多少美金。本書推薦各位選擇1000美金（參見左頁），故數量的欄位請選「1」。決定數量後，再來就是下單的種類。這裡我們不指定價格，直接用現價交易，所以請選擇「市價交易（成行）」。

最後則是要決定「賣出」或「買進」。如果認為價格未來會上漲就選「買進」；相反地若預測會下跌便選「賣出」。

本節我們的目的是認識實際交易的流程，所以先不管市場的狀況，直接點選

外匯的交易流程：
①決定要交易的「貨幣對」
②選擇下單種類
③選擇合約單位
④選擇「買進」或「賣出」

首先要持有部位（虛擬交易）

②選擇數量
對於美元／日幣，日本大多數券商是以1000～10000美元為單位下單。要交易1000美元的話，數量就選「1」。

①選擇要下單的貨幣對

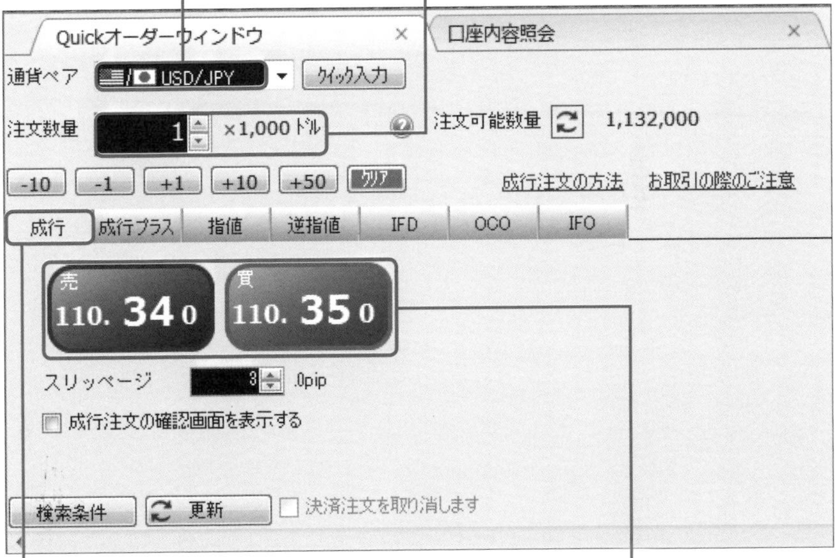

③選擇下單種類，此處選擇「市價交易」
（有時不同券商會使用不同的名詞。本頁範例圖用的是市價交易）

④選擇「買進」或「賣出」，然後送出
按下滑鼠後，我們終於完成第一筆交易，開始「持有部位」。

在外匯的世界，貨幣的數量統一稱為「～單位」。因為可交易的對象除了美元／日圓之外，還有歐元／日圓、英鎊／日圓等種類，如果每種貨幣都用不同的單位稱呼會很麻煩。

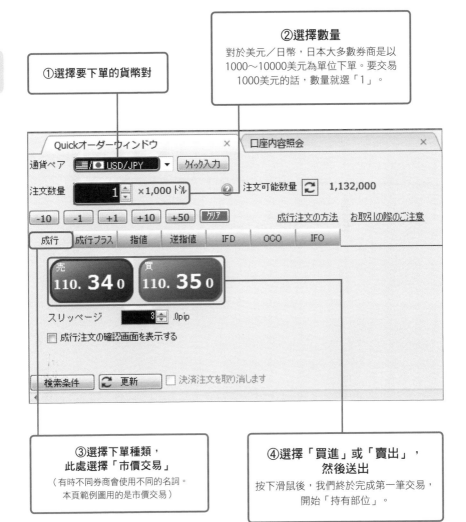

「買進」吧。看到「已下單完成」的畫面出現後，就代表你的單子已經送出去了。

平倉以了結獲利

下單成功後，如果一直維持買進或賣出的狀態，沒有進行平倉，在外匯的世界就稱為「部位（position）」。因為你已經送出買單，所以我們會說現在你持有「多頭（買進）部位」。由於外匯市場每分每秒都在變動，因此現在畫面上顯示的價格應該已經跟你買進時的價格不一樣了吧？價格的漲跌會反映在線圖上，如果向上移動就代表賺錢，向下移動就代表虧損。

在買賣外匯時，如果有賺的話就一定要進行平倉（反向交易）以兌現獲利；即使遇到賠錢的狀況，也應及早進行結算，盡量降低損失，這就稱為「平倉單」。關於這部分我們後面會再詳細說明。

想要進行了結時，請點選①左頁圖片右下方[部位合計（建玉合計）]的標籤。②點擊[更新]，確認最新價格的獲利和虧損情形後，③按下[一次平倉（一括決済）]。這麼一來，系統便會自動用跟買進時相同的數量賣出，完成平倉。

在本範例中我們先前買了1000貨幣的美元／日圓，若後來日圓升值了，

無論是先買後賣，
還是先賣後買，
下單的方法都一樣。

平倉以了結獲利

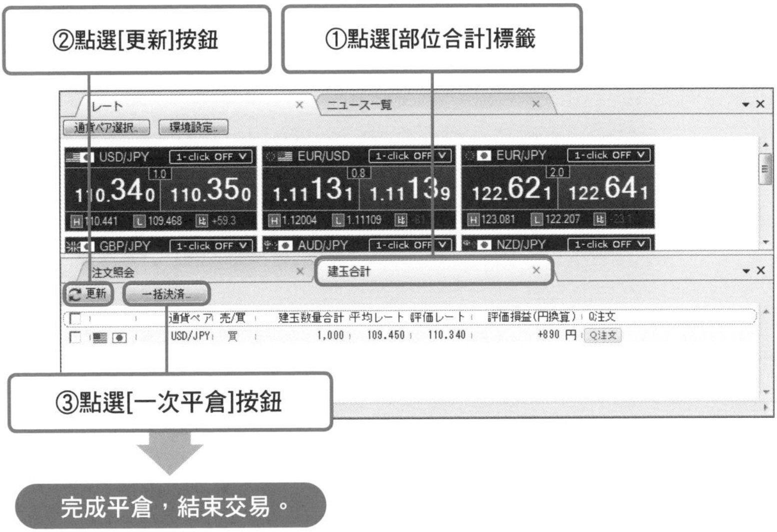
②點選[更新]按鈕
①點選[部位合計]標籤
レート
ニュース一覧
注文照会
建玉合計
更新
一括決済
③點選[一次平倉]按鈕
完成平倉，結束交易。

我們便賺到差價×1000倍；若下跌的話則會虧損差價×1000倍。

至此，我們就完成了一次外匯的交易。

光看剛剛的步驟，各位可能會以為只要買進後盯好線圖，等到獲利時再賣出了結就行了。但實際的交易卻沒有那麼簡單。下一節，我們將介紹剛開始投資外匯時應注意哪些事項，才能長久地在外匯市場中生存。

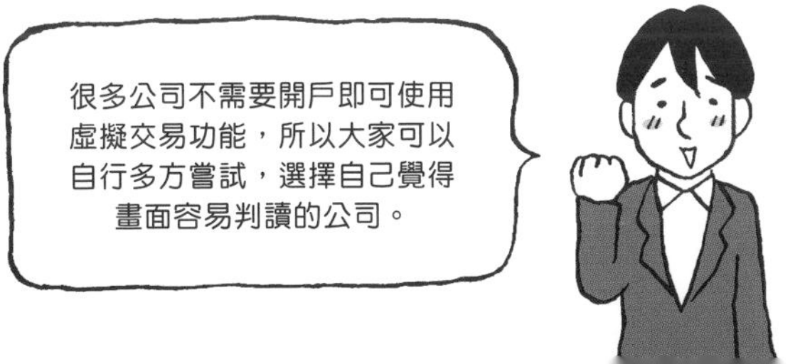
很多公司不需要開戶即可使用
虛擬交易功能，所以大家可以
自行多方嘗試，選擇自己覺得
畫面容易判讀的公司。

必要知識 3

外匯投資獲利和虧損的原理

外匯投資的「獲利」和「損失」是如何產生的呢？一起來看看買賣的原理吧！

外匯投資就跟換外幣一樣，是按照貨幣匯率去買賣的。日本人出國旅行的時候，很習慣在國內或當地的機場直接拿日幣兌換成當地貨幣，這時只要把日幣交給外幣兌換所，就能依照當時的匯率換到等值的外幣（嚴格來說其實還要扣掉手續費）。換到的外幣可以在當地使用，也可以帶回本國，隨使用者的自由。若改用更貼近日常生活的比喻，這就好像在便利商店買咖啡，付清咖啡的錢後，要喝掉還是丟掉都隨消費者高興。我們這種日常生活的買賣是以現實的「貨物」進行交易，故又稱為「現貨交易」。

現貨交易的概念很好理解，但外匯投資卻是「投機交易」，是一種非常特殊的買賣形式，故時常令新手感到混亂。所謂的投機交易，雖然不太容易用文字說明，但大致上可定義成一種「藉由市場變動產生之價差謀利」的買賣。

投資外匯時，
如果想用110日圓買入1美金，
實際上不需要真的準備110日圓。
即使手上沒有等於
商品價格的資金也能交易。

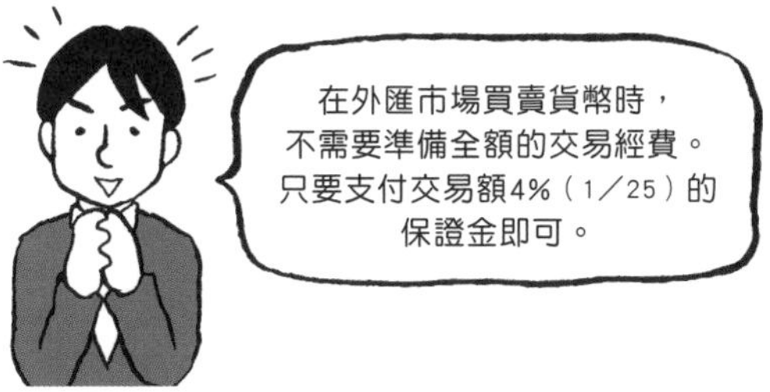
在外匯市場買賣貨幣時，
不需要準備全額的交易經費。
只要支付交易額4%（1／25）的
保證金即可。

外匯投資有個大規定，就是**買進的東西一定要賣出，賣掉的東西一定要買回**。換句話說，買進後一定會「賣出」，賣出後一定會「買回」，這種相反的買賣行為就稱為「反向交易」。**在投資外匯時，唯有完成反向交易後，才會真正確定到底是賺錢還是賠錢**。

在日常生活中，通常不會有機會遇到投機交易。而正是因為這種買賣離我們很遙遠，所以很容易使外匯新鮮人掉入陷阱。

由於外匯買賣不是交易實際的物品，買賣後又一定要進行反向交易，所以不需要準備商品的全額金錢，只要準備價格變動時產生的價差就夠了。換言之，只要在外匯帳戶存入**相對於交易額的擔保費用（又稱保證金）**即可進行買賣。

○券商有時會進行強制性的平倉

這是與槓桿操作的原理和外匯投資之根幹有關的重點。**外匯出現匯差的情況可分為兩種**。一種是投資順利，獲得利益時的匯益；一種是投資不如預期，出現損失時的匯損。匯益的情況，由於利潤會進入自己的戶頭，所以不會有什麼問題。而投資外匯的新手通常也是相信自己會賺錢才踏入這世界，很少留意外匯交易的投機性，以及匯差結算等環節。所以才說這是陷阱。

問題在於發生匯損的情況。投資外匯時必定會遇到投資失利，市場不如預料

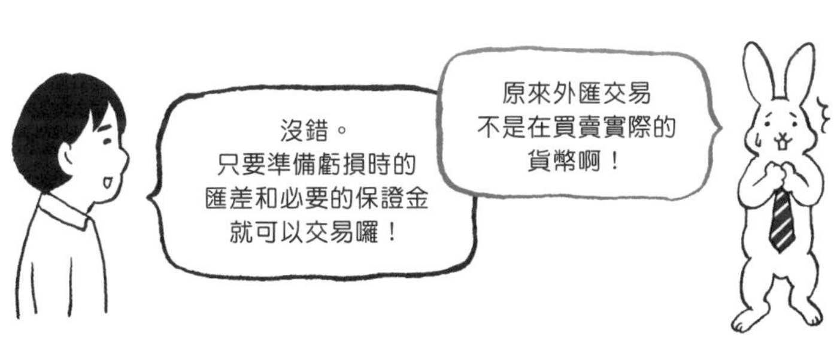
原來外匯交易
不是在買賣實際的
貨幣啊！
沒錯。
只要準備虧損時的
匯差和必要的保證金
就可以交易囉！

投資順利的情況

例：買進1000單位的美元／日圓後，美元升值（日幣貶值）了！

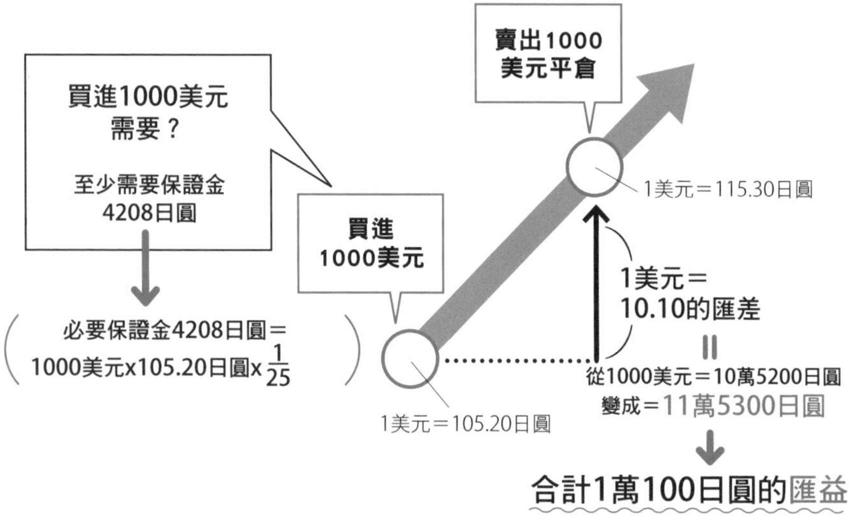

賣出1000
美元平倉
買進1000美元
需要？
至少需要保證金
4208日圓
必要保證金4208日圓＝
1000美元x105.20日圓x 1/25
買進
1000美元
1美元＝115.30日圓
1美元＝
10.10的匯差
從1000美元＝10萬5200日圓
變成＝11萬5300日圓
1美元＝105.20日圓
合計1萬100日圓的匯益

的時候，所以如果在投資時沒有事先考量匯損的可能，就會發生很可怕的事。

投機交易一定要進行反向交易的意思，代表所有虧損都必須自己吸收。一定！沒有例外。換句話說，戶頭內必須時常保留足以支付匯損額的資金，絕不允許發生平倉時資金不夠完成反向交易的情況。

因此，當我們的交易出現匯損，損失擴大達到一定程度時，為了避免進一步虧損導致資金不足以支付匯損，券商會**強制投資者平倉，進行反向交易**。

當市場一如預想時，由於只會出現匯益，所以沒有什麼問題；但想要

強制平倉
當帳戶內的可用保證金低於券商規定的必要保證金維持率時，系統便會自動將交易單平倉的機制。又叫強制停損。

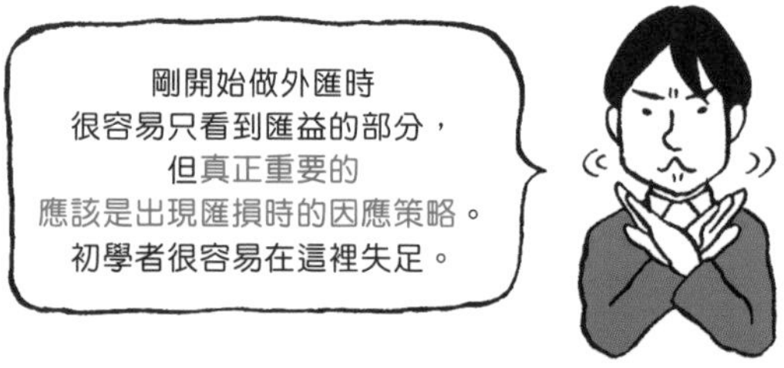

剛開始做外匯時
很容易只看到匯益的部分，
但真正重要的
應該是出現匯損時的因應策略。
初學者很容易在這裡失足。

投資失利的情況

例：買進1萬單位的美元／日圓，結果美元跌（日幣升值）了……

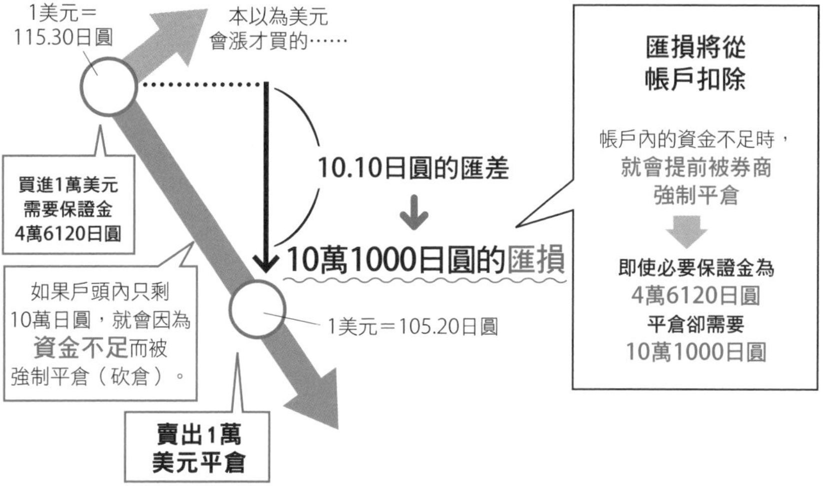
1美元＝115.30日圓
本以為美元會漲才買的……
買進1萬美元需要保證金4萬6120日圓
10.10日圓的匯差
10萬1000日圓的匯損
如果戶頭內只剩10萬日圓，就會因為資金不足而被強制平倉（砍倉）。
1美元＝105.20日圓
賣出1萬美元平倉
匯損將從帳戶扣除
帳戶內的資金不足時，就會提前被券商強制平倉
即使必要保證金為4萬6120日圓
平倉卻需要10萬1000日圓

每筆交易都一帆風順，是絕對不可能的。**因此事先想好發生虧損時的應對策略，將匯損控制在一定程度內，乃是投資外匯的一大重點**，這也是所有涉及資金管理和下單量問題的投資買賣最重要的部分。

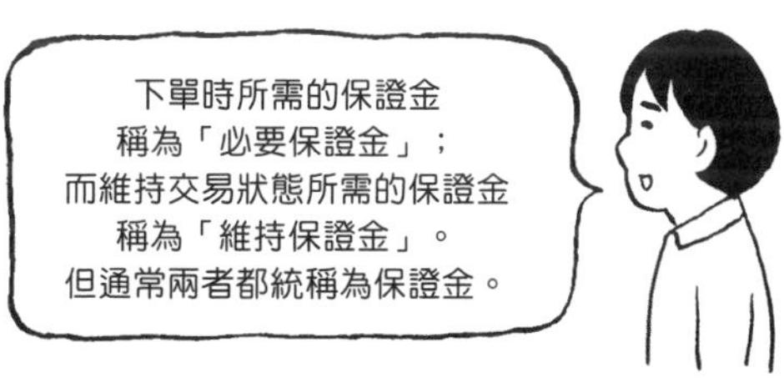
下單時所需的保證金稱為「必要保證金」；而維持交易狀態所需的保證金稱為「維持保證金」。但通常兩者都統稱為保證金。

必要知識 4

外匯市場乃是專家的市場

業餘投資者該怎麼做才不會變成金融專家們的俎上肉？

外匯市場每天有超過400兆日圓（約120兆台幣）的資金在流動，是世界最大的金融市場。除了週六日之外，外匯市場全天24小時皆可交易。此外，外匯市場上除了投資外匯的投機客外，還有進出口商等用貨幣買賣進行貿易決算的交易者。

○外匯市場是什麼樣的地方？

在外匯市場進行投機性買賣的主要是對沖基金，以及靠投資獲利的公司。在外資系金融公司工作的人之所以能領高薪，正是因為他們每天都緊盯著市場買賣外幣，為公司賺進大把鈔票。

在基金或金融機關工作的交易員，如果是畢業於歐美的知名大學，往往20幾

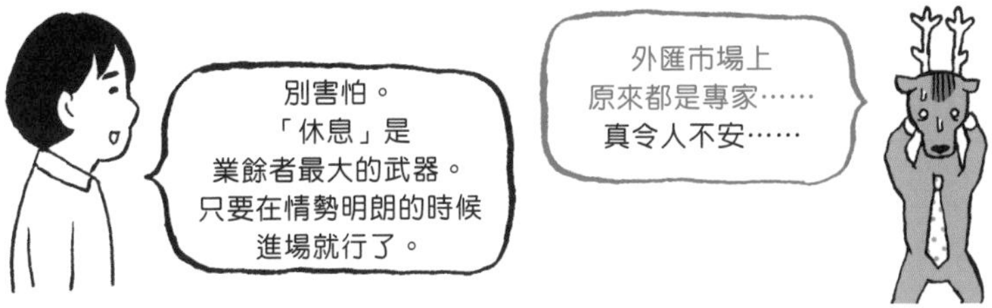
外匯市場上
原來都是專家……
真令人不安……
別害怕。
「休息」是
業餘者最大的武器。
只要在情勢明朗的時候
進場就行了。

歲剛進公司就能坐領數千萬甚至破億的報酬。除了外匯市場外，各國的債券和股市、原油和穀物等原物料市場等，所有金融市場都是他們謀利的地方。這群頭腦好、體力佳、貪婪又年輕的交易員們，就在俗稱投機集團的避險基金和外國金融業拚命追求利益。而他們除了透過各式各樣的金融交易謀取利益外，也傾注全力想方設法在控制損失。

而在**實需**面上，外匯交易者也努力想用對公司有利的匯率交換外幣。因為他們的交易額通常很大，所以些微匯率的變化也會對公司造成極大的利益或損失。

無論是投機面還是實需面，參與外匯市場的人全都是金融交易的專家。換句話說，外匯市場乃是專家的市場。

不過別忘了，在這個專家聚集的外匯市場上，也存在很多一直賺錢的獨立投資者。

換句話說，業餘者自有業餘的生存之道。

例如，業餘者可以在市場上「休假」。無論市場是好是壞，專業投資戶都不得不進場交易。然而業餘者不會被人強迫，可以在情勢不明朗的時候選擇「不進場」，稍微休息一陣子，等到好做的行情來之後再開始交易。

實需
跨國公司進行進出口或資本買賣等交易時產生的換匯需求。在日本有換匯實需的公司，主要是能源、汽車、電氣等相關企業。

必要知識 5

價格是經常變動的

在價格瞬息萬變的外匯市場，必須用寬裕的方式下單！

雖然想用120日圓便宜買進，價格卻一直跌不下來……市場真是不如人願呢。

外匯買賣是一種市場經濟，而市場的價格是經常浮動的，沒有固定不變的數字。各位平常買東西應該也很少看到這種交易型態吧？例如便利商店的咖啡固定是六十塊，零嘴甜食的價格也不會每小時變來變去。然而，像汽油的價格就會受市場上的原油價格和匯率左右，有時每天都不一樣。

外匯是市場經濟，這代表外匯不能用自己喜歡的價格來交易。我們買賣外匯時只能依照券商提供的價格決定要不要交易，而且該價格每分每秒都在變動。有時可能明明用A價格下單，實際成交的金額卻有些差異。這就叫做**滑點**。尤其是在市場價格急劇波動（如政府公布經濟數據等）的時期，有時甚至會出現數十錢日圓（相當於台幣數角）的滑價。然而我們也只能睜一隻眼閉一隻眼。畢竟這就是價格瞬息萬變的市場交易。

滑點

雖然功能和數值因券商而異，但通常能自行設定可接受的滑點範圍，並以上下「X錢（日幣）」的方式表示。

下單時要考慮滑點的可能

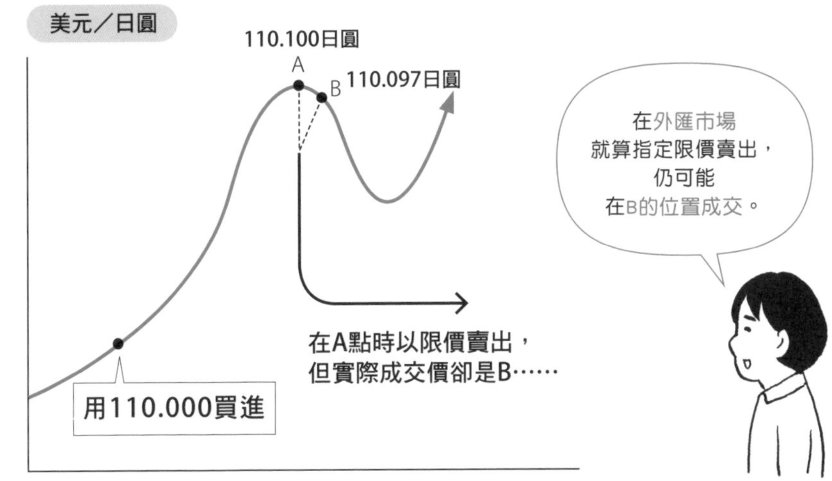
美元／日圓
110.100日圓
A
B
110.097日圓
在A點時以限價賣出，
但實際成交價卻是B……
用110.000買進
在外匯市場
就算指定限價賣出，
仍可能
在B的位置成交。

也就是說，下單時必須考慮到價格滑動的可能，擬定戰略和對策。例如在使用指定特定價格交易的**限價下單**時，也同樣要計入滑點的可能性。

所以交易時不要將價格設定得太緊，用寬裕的方式下單也是很重要的。因為如果設定得太緊，可能會無法以該價格成交，或是出現些許滑點便導致虧損。

限價下單

下單方法的一種。意指在買賣時指定價格，只限價格滿足指定條件時成交的單子。

請記住外匯
不一定能用
自己希望的
價格交易！

必要知識 6

「報酬率」比獲利的「值」更重要

比起實際金額，外匯更重要的是獲利的效率！

在投資和金融的世界，賺錢與否的指標不是金額，而是利率。只看金額的話，賺100萬當然比賺10萬來得強，但真正重要的其實是獲利的效率。如果用10萬元的本金賺到10萬元，代表報酬率是100%，是非常好的成績。而如果是用1億元的本金賺100萬，報酬率就是1%，大概只比銀行定存好一點點……就是這麼回事。

CP值很重要

有技術的操盤手，即使只用很少的資金也能穩定地獲利，然後一點一點做大。也就是說，他們懂得如何「讓錢為自己工作」，無論用10萬元或100萬元都能產生相同的報酬率。

如果本金10萬，每月獲利3000元，整年的報酬率即是36%。市面上可不存在報酬這麼好的商品。

報酬率比金額更重要

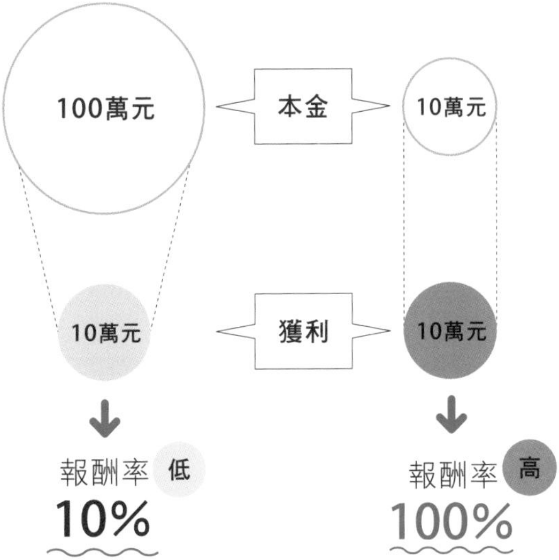
100萬元
本金
10萬元
10萬元
獲利
10萬元
報酬率 低
10%
報酬率 高
100%

報酬率高就代表
金錢正有效率地
為自己工作！

而剛接觸外匯的新手在乎的是實際賺到多少錢，因此很容易只看到金額。之所以會這樣，或許是因為平常我們上班和打工都是用勞力換取等價的薪水。換言之，新手仍未理解「讓錢為自己工作（參見P10）」的道理。而金錢乃是比勞力更有效率的賺錢工具。

不過要記住這種觀念，也需要一定程度的時間，所以用虛擬交易或小額資本慢慢練習是很重要的。因此我才建議各位從「10萬日圓（約3萬台幣）開始」。重要的是藉此學會高報酬的交易技巧，然後再開始投入較多資金，才能如滾雪球般愈滾愈大。注意不要弄錯順序了。

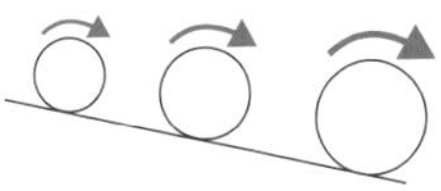
做外匯要
慢慢把錢做多

P33也說過了，
想提高報酬率，
時間也很重要。

必要知識 7

風險管理的兩條絕對標準

一起學習在外匯市場生存所需的兩種風險管理方法！

如果由懵懂無知的素人來操作外匯，成功的機率理論上就跟賭博一樣是50％，是種高風險・高報酬的行為。但實際上如果再計入情緒的影響，成功機率恐怕還要更低。真正的外匯操盤手會用盡各種方法進行風險管理，努力降低風險並提高獲利。對外匯投資而言，「如何降低風險」其實比如何獲利更加重要。唯有具備這個觀念的人才能在市場上存活下來。

○避險基金的解散基準

風險管理是外匯投資的核心。而這大致可從兩個面向入手。首先是「整體帳戶資金的風險管理」，接著是「個別交易的風險管理」。換句話說，重要的是一邊考量整體的資金狀況，一邊調整每筆交易的大小和風險。

再三叮嚀，剛起步時
不可妄圖一獲千金，
降低風險避免虧損
才是最重要的。

取回損失所需的報酬率

就算原始資金有100萬……			
手上剩餘的資金	90萬元	80萬元	70萬元
損失金額	10萬元（-10%）	20萬元（-20%）	30萬元（-30%）
取回本金所需的報酬率	11%	25%	43%

資金每減少一點，就需要更高的報酬率以取回本金。

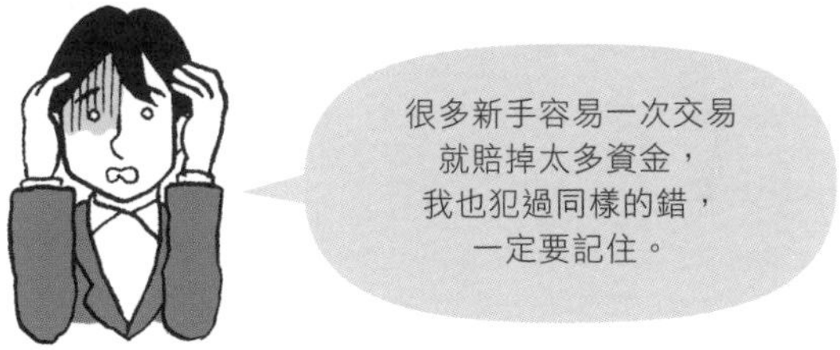
很多新手容易一次交易
就賠掉太多資金，
我也犯過同樣的錯，
一定要記住。

首先來看看「整體帳戶資金的風險管理」。對於外匯新手而言，如果手上有100萬的本金，可能會以為這代表自己有100萬可以交易。但很遺憾，這樣想就錯了。

資金運用的專家——**避險基金**，通常在失去原始資金的3成時，就會判斷已無資金可用，進行解散。換句話說，100萬的本金一旦減少至70萬，就很難再扳回來了。而這種判斷自然有其道理。

本金損失30%後，要用剩餘70%的資金取回原始資金（100%），需要43%的報酬率。這代表必須在原本的報酬率為負30%的情況下，於之後的投資維持正43%的超高報酬率，而且拚死拚活後的最終獲利是0。只是

避險基金
以大手投資者的資金為基礎，運用各種方法投資謀利的資產運用組織。

5%的話
應該沒問題！
100
萬元
105
萬元
年利率
5%
50%
太難了！
70
萬元
105
萬元
年利率
50%

勉強取回本金而已。換言之，現實中一旦損失達到三成，就很難取回本金了。

因為損失三成本金就等於事實上無法再交易，所以在單筆交易中就用可能會損失本金1成的數量下單，可說是非常有勇無謀的舉動。不僅如此，連續虧損在外匯的世界是非常常見的事。換句話說，進場後一旦以本金10%的比例連續失利，只要交易三次就得退場了。此外，雖然也會因交易風格而異，但10連敗、20連敗的操盤手在市場上也是大有人在。

考慮到外匯投資的這個現實，單筆交易的預期損失就必須控制在整體資金的數%以下。所以剛開始投資外匯的人，最好只用最低交易單位（1000單位貨幣）進行小額交易。

其次是「個別交易的風險管理」。介紹外匯的文章常常建議投資人，在單筆交易時如出現虧損，為了避免損失擴大，應盡快平倉好進行「**停損**」。這些文章說的都是事實。若發現市場走向不合自己的戰略，一定要乾脆地認賠停損，避免損失擴大。否則整體資金都會受到這筆交易的影響。關於停損的部分，我們將於P116進行更詳細的解說，請務必仔細閱讀。

然而如果沒有確立自己的交易方式，停損就沒有什麼意義。

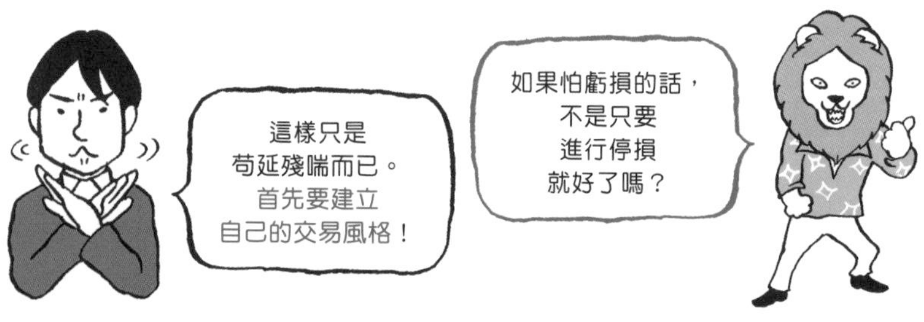
如果怕虧損的話，
不是只要
進行停損
就好了嗎？
這樣只是
苟延殘喘而已。
首先要建立
自己的交易風格！

兩種風險管理

整體帳戶資金的風險管理

↓

失去30%本金＝實質退場

▶ 以連敗為前提
控制風險，
用最小額度交易！

個別交易的風險管理

- **確實做好停損**
- **記錄自己每天的交易結果**

▶ 確實了解
何種交易會產生
多少利益和損失

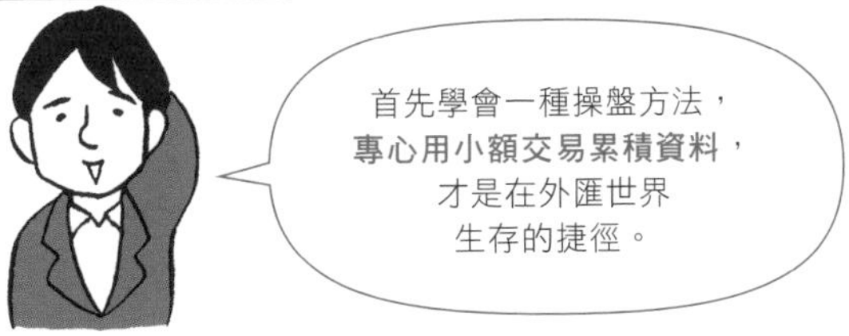
首先學會一種操盤方法，
專心用小額交易累積資料，
才是在外匯世界
生存的捷徑。

的確，只要確實送出「停損單」，就能避免嚴重的虧損，控制整體資金的流失，讓自己活得更久一點。但也僅止於此，只能爭取自己留在外匯市場上的時間，無法累積任何獲利。

個別交易所需的資金管理，在於確實掌握以何種方式交易可以獲取多少利益，以及當市場價格不如預期時又會產生多少損失。

停損
當手上的多頭和空頭部位可能出現虧損時，提前進行平倉，以避免損失擴大。又稱止損。

必要知識 8

改變時間軸，能看見的東西也不一樣

如果不曉得該用哪種時間軸，就先選一種固定使用吧！

無論是建構自己的交易風格，還是要進行停損，都絕對不能少了時間軸。所謂的時間軸，就是時間的切分和框架。

外匯市場是全天24小時，在全世界都能交易，所以價格也隨時在變化。而時間軸的用途便是以時間為單位顯示價格的變化幅度。如果用1天為單位去切分，那麼1條K線就代表1天的價格變化；用4小時切分，則1條K線代表4小時的價格變化。4小時線即是用6條線去顯示1天份的變化。

時間軸的英文寫作time frame。用於外匯時，在圖表上可以顯示月、週、日、4小時、60分、15分等各種不同的時間長度。

P65的圖為2016年1月，美元兌日圓的月、日、8小時、4小時等不同時間軸的價格變化。月線當然就代表1條K線代表1個月份的變動。從1條K線，我們可以看出價格的開盤價、最高價、最低價以及收盤價。例如若收盤價高

左圖的棒子叫做K線。如果是月線，則1條K線代表一個月的價格變化。

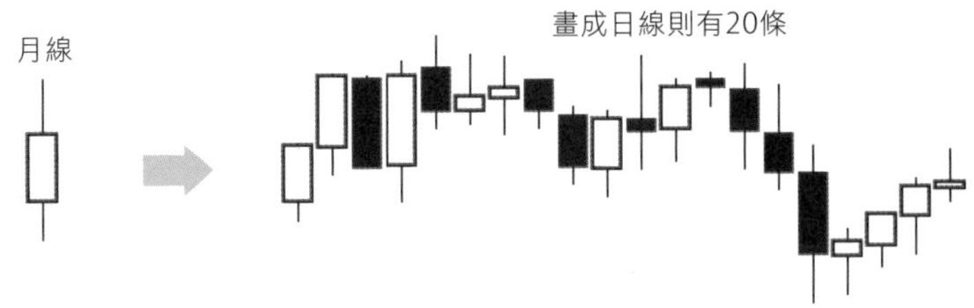
月線
畫成日線則有20條

於開盤價，則該K線就稱為**陽線**，可得知價格是上漲的。反之則稱為**陰線**，代表價格下跌。然而，只靠1條K線無法預測未來的價格走勢。如果換成日線來表示，扣掉市場休息的週六日，則一個月共有20天，也就是20條K線，可看出前半段下跌，後半段上揚的變化形態。將市場的走向視覺化，更容易思考交易戰略。而若進一步拆成8小時線圖，由於8小時等於24小時的3分之1，故一個月共有60條線。如此便可更細微地看見市場價格波動的情況。

像這樣改變時間軸，就能看見不同的變化狀態。用日線圖來看，前半個月的價格好像一直在下跌；但縮小時間軸後，就會看見上揚的部分。

相反地日線圖的後半個月感覺一直在上漲，但用8小時線表示就會看到下跌的部分。日線和8小時線還算是比較接近的時間軸；若對比日線和1小時線，或日線和15分線等時間差較大的時間軸，這類價格變化的差異就會更明顯。

○切換時間軸，變動的幅度也不一樣

一旦改變漲跌的看法，進場時機和停損點、獲利目標的設定等也會完全不同。市場的變化就像海浪，不會一直上揚也不會一直下跌。而是過程中起起伏伏，最後形成上揚或下跌的趨勢。

不論用哪種時間軸表示，市場的價格變動都一樣是波形。要說有哪裡不同的

K線的看法

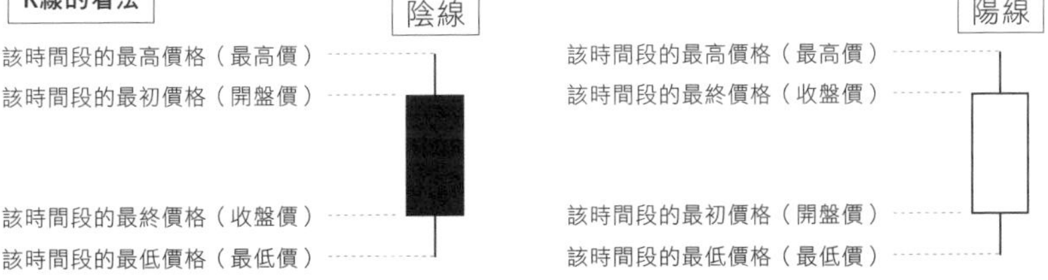
陰線
該時間段的最高價格（最高價）
該時間段的最初價格（開盤價）
該時間段的最終價格（收盤價）
該時間段的最低價格（最低價）
陽線
該時間段的最高價格（最高價）
該時間段的最終價格（收盤價）
該時間段的最初價格（開盤價）
該時間段的最低價格（最低價）

話，就是波形的高點與低點的價差，也就是波幅的不同。線圖的時間軸愈長，則波幅愈大；時間軸愈短，則價差愈小。長時間軸的線圖振幅較大，因此獲利和停損的範圍也大；短時間軸的線圖振幅相對就比較小。此外，在日線圖看來直線向上的波形，換成15分線就出現明顯的壓回，在方向性上有時也會有所不同。遇到這種情況，初學者常常不曉得該看哪條線而猶豫不決，結果導致虧損。

○新手時期要固定時間軸

固定使用一種時間軸，有助於建立自己的交易風格。一直使用同一種時間軸，可幫助習慣線圖的解讀，也更容易下判斷。而且從分析過往交易資料的角度來看，使用單一時間軸也比較好判斷該次交易的成敗。就好像開車時，如果窗外的景色改變劇烈，就比較容易暈車。操作外匯的時候也是，剛入門的時候為了避免混亂，固定使用一種時間軸，將能更快掌握操作的訣竅。

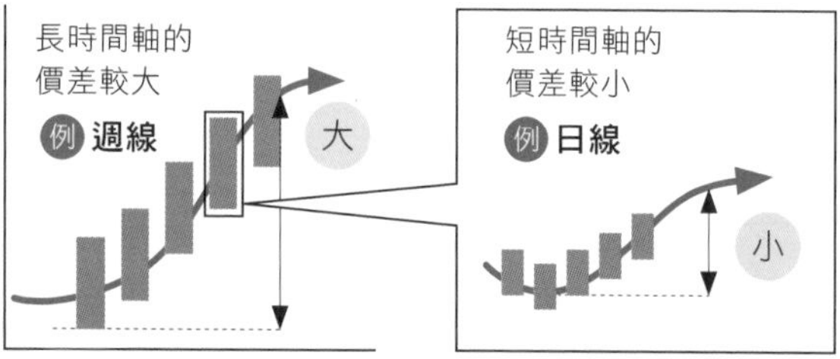

長時間軸的
價差較大
例 週線
大
短時間軸的
價差較小
例 日線
小

時間軸不同，景色也不一樣

下圖全部都是2016年1月
美元／日圓的價格變化

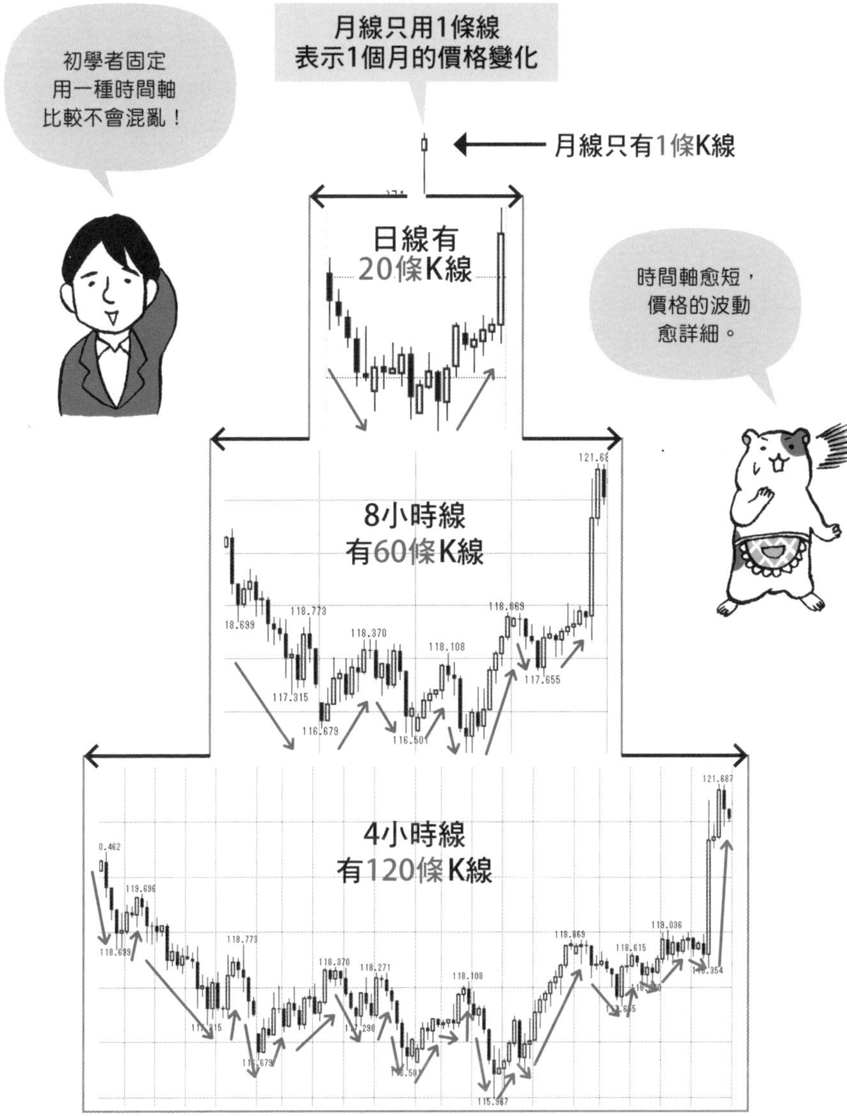
月線只用1條線
表示1個月的價格變化
初學者固定
用一種時間軸
比較不會混亂！
月線只有1條K線
日線有
20條K線
時間軸愈短，
價格的波動
愈詳細。
8小時線
有60條K線
4小時線
有120條K線

必要知識 9

匯率是相對的

貨幣是以「對」來交易的。所以要同時掌握兩國的動態！

外匯投資交易的是**貨幣對**。不是「貨幣」，而是「貨幣對」，這點非常重要。美元／日圓的交易，不是單純地買賣美金，或單純地買賣日幣，而是以「美元／日圓」這兩種貨幣的組合為交易對象。這就是外匯的交易。

貨幣對
如美元／日圓等等，意指在外匯市場交易的貨幣組合。依每家券商的不同，可交易的貨幣對約在15～90對之間，差異很大。

○日常的價值判斷中不存在的外匯相對性

股市買賣的是特定公司的股票；我們平常買咖啡的時候，也是要就買，要就不買，只有兩種選擇。這是因為股票和咖啡是以單一對象為標的，以絕對性的價值來做判斷。

然而外匯需要的是相對性的價值判斷。買進「美元／日圓」，意指買進美金

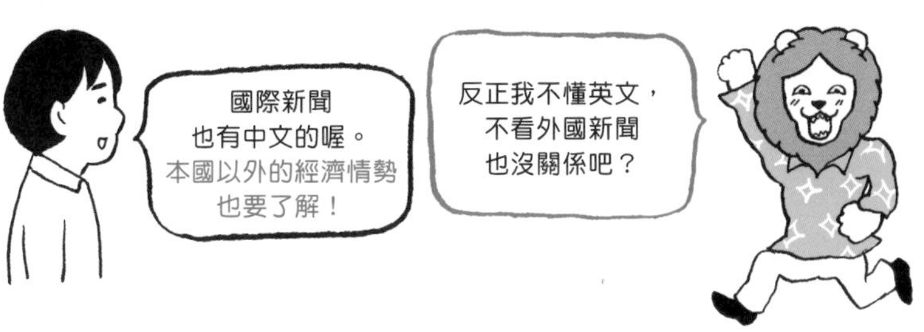
反正我不懂英文，
不看外國新聞
也沒關係吧？
國際新聞
也有中文的喔。
本國以外的經濟情勢
也要了解！

的同時，你也同時賣出了日幣。換言之即是「買美金賣日幣」。無論買賣哪種貨幣對，如果沒有意識到其中的**相對性**，就有可能掉入思考的陷阱。

無論日圓出現何種**壞消息**，導致大家拋售日幣，只要美元存在更大的負面因素，令美金拋售的情況比日幣更嚴重，就結果而言，美金的賣壓依舊比日幣強。因此，市場會賣美金、買日幣，美元／日幣的匯率就會下跌（日幣升值＝市場賣美金・買日幣）。這種相對性可視為兩種貨幣的角力關係。

初學者經常失敗的原因，就在於只想到買日幣或賣日幣，沒有考慮貨幣對中另一種貨幣的情況。即便同樣是日圓的貨幣對，美元／日圓和歐元／日圓的組合也會因為歐洲和美國的國情差異，而產生完全迥異的價格動態。如果只考慮日幣來交易，往往會發現市場走向跟自己的預想不同，導致意料之外的虧損；或是持有部位膠著不動，無法脫手的情況。

平常說著本國語言、收聽本國的媒體，再怎麼小心也很難不以本國為中心去思考。如果能以「本國與全球局勢相比如何」的角度去思考，養成隨時比較貨幣對中兩種國家的貨幣和經濟的習慣，就能大幅提升操作外匯的能力喔。

相對性
2016年1月29日，日銀實施負利率政策後，日圓的人氣開始下跌。然而由於美國原油價格低迷，以及希臘債券問題，美元和歐元的人氣比日圓更慘，所以日圓相對地沒有下跌。

壞消息
使市場價格下跌的因子。外匯市場上的壞消息包括經濟指標、重要人士的發言等等。相反地使市場價格上揚的因素則稱為好消息。

必要知識

10 價格起伏的原理

外匯的價格是怎麼變動的呢？

外匯投資是靠匯率變動產生的價差在賺錢，而市場價格則是由買單和賣單的配對決定的。匯率之所以一直在改變，就是因為持續有大量的買賣契約在成交。由此便可看出身為世界最大市場的外匯市場上，有多麼龐大的資金和投資者參與其中。

由於外匯交易的是貨幣對，故交易價格的浮動，上漲和下跌各有三種模式。讓我們以「美元／日圓」的價格上升情況為例，用左頁的圖例一起來看看價格波動的機制。

首先價格波動最劇烈的，就是市場搶買美金，同時搶賣日幣的情況。由於美金買而日幣賣，貨幣對的兩方皆朝同方向移動，故波動幅度最大。其次則是只有美金買進，而日幣不動的情況。當日幣沒有買進和賣出的要因，沒有動力的時

外匯的價格是即時由參加者的賣單和買單配對決定的！

價格起伏的3種模式（貨幣對的價格變動）

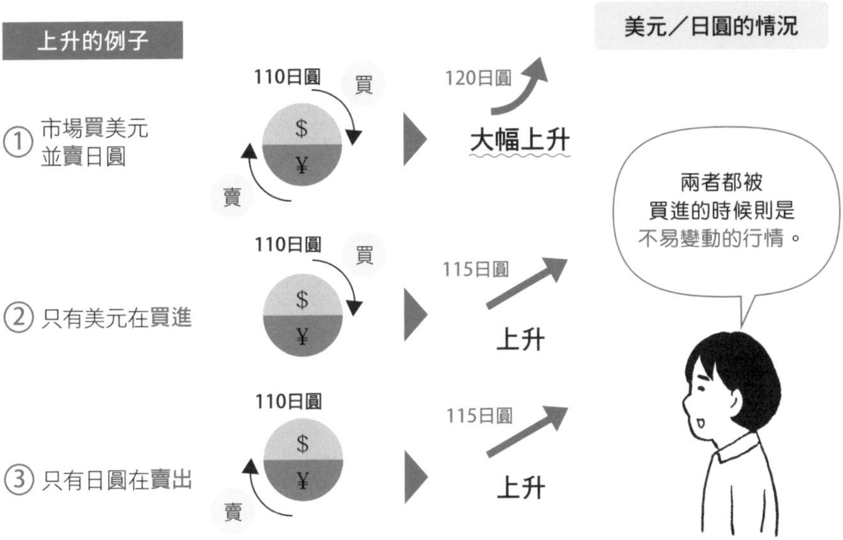
上升的例子
美元／日圓的情況
① 市場買美元並賣日圓
110日圓
買
賣
$
¥
120日圓
大幅上升
② 只有美元在買進
110日圓
買
115日圓
上升
③ 只有日圓在賣出
110日圓
賣
115日圓
上升
兩者都被買進的時候則是不易變動的行情。

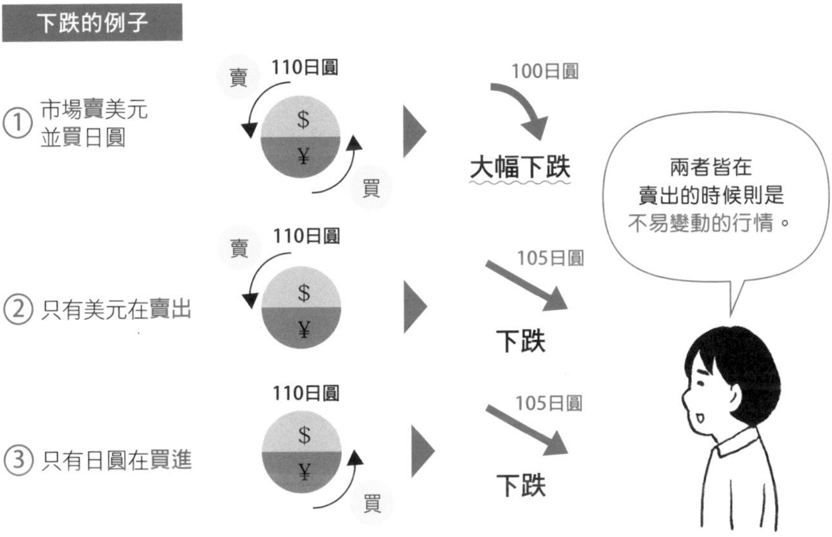
下跌的例子
① 市場賣美元並買日圓
賣
110日圓
買
$
¥
100日圓
大幅下跌
② 只有美元在賣出
賣
110日圓
105日圓
下跌
③ 只有日圓在買進
110日圓
買
105日圓
下跌
兩者皆在賣出的時候則是不易變動的行情。

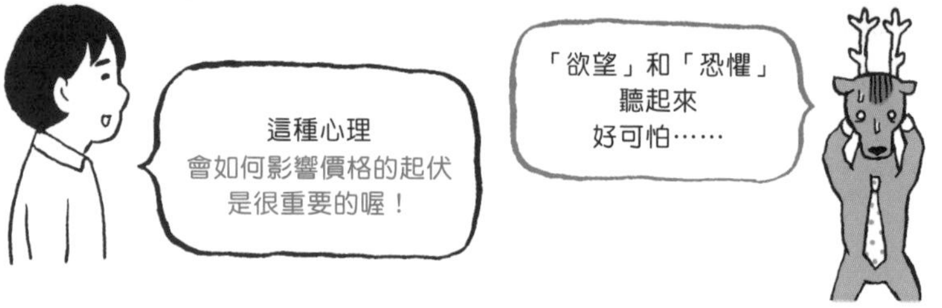
這種心理
會如何影響價格的起伏
是很重要的喔！
「欲望」和「恐懼」
聽起來
好可怕……

候，波動的因素就只有買進美金的行為，所以「美元／日圓」的價格會上揚。而最後則是與前者相反，美金沒有波動的因素，只有日幣在拋售的情況。這個時候因為日幣賣壓強，故「美元／日圓」的價格會上升。下跌的原理也一樣，有三種情形會引發價格下跌。但若市場同時買進貨幣對的兩方，或是兩方的賣壓都很強勁，價格就不易變動，呈現膠著的狀態。

市場心理驅動價格

那麼為什麼會發生「搶買美金」或「拋售日幣」的現象呢？其中有很多因素。例如可能是政府發布新的**政策**或**經濟指標**等與各國經濟有關的動態；或是投資人看見價格的變化，加以分析後，進場推動該趨勢。

不過，最終驅動市場的永遠是投資人的心理。金錢的運用總是伴隨「欲望」和「恐懼」，正是投資人的這類心理驅動了價格。

預測價格將會上揚的人，會被追求利益的「欲望」驅使而進場買進。可是一旦價格沒有如預期般上漲，就會開始惶惶不安。然後等到虧損增加，便會因為「恐懼」損失擴大而進行平倉，結束交易。由於買進的反向交易是賣出，因此市場會轉而出現賣壓。所謂的外匯投資，某種層面上也是一種心理遊戲。

政策
各國央行公布的金融政策或政府的財政策略。

經濟指標
各國政府或省縣公布的經濟統計數據。例如美國的就業率即是一項重要的指標，每次公布後往往會大幅影響市場價格。

不易變動的行情

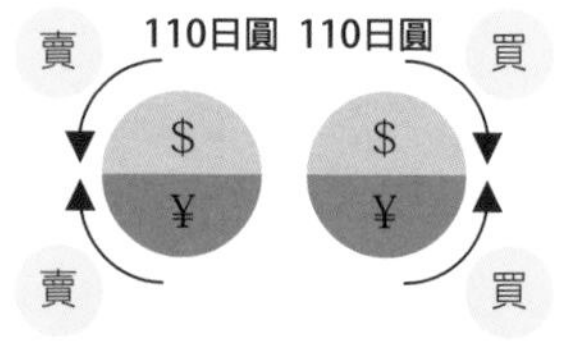
賣
110日圓
110日圓
買
$
¥
$
¥
賣
買

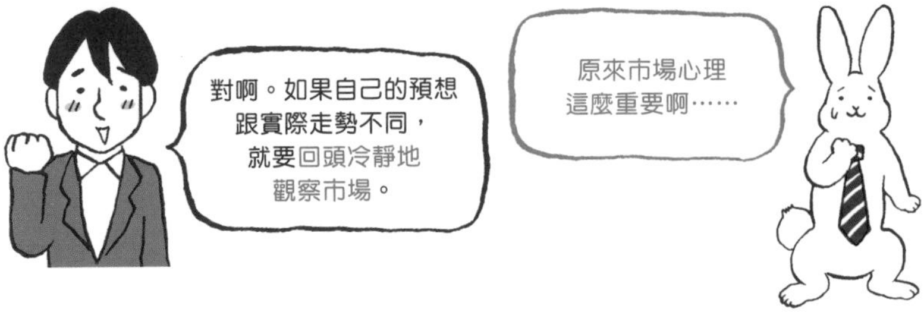
原來市場心理
這麼重要啊……
對啊。如果自己的預想
跟實際走勢不同，
就要回頭冷靜地
觀察市場。

○太固執的話會嘗到苦頭

外匯市場的價格變化反映了投資人的心理。投資人中如果預期升值的人數較多，買氣便會增加，於是價格上升；若是預期貶值的人多，則賣單增加，價格便會下跌。

我們投資外匯的時候，比起自己的想法，更重要的是解讀市場的心理。無論你認為自己的想法多麼正確，一旦市場的方向不如預期，就要明白自己的想法並非市場的多數，勉強為之只會造成虧損。況且外匯交易乃是一種投機買賣，要是不趁早替未平倉的部位停損，虧損將會愈來愈多，最後落得被強制平倉的下場。這種時候如果太固執己見，只會嘗到慘痛的教訓。

人的心理是這世上最難以捉摸的事物。既然外匯的價格是被市場心理驅動的，那麼我們看待市場時也應隨時保持彈性。

市場乃是多數決

市場
會往
哪邊移動呢？
上漲
上漲
上漲
上漲
會漲！
其實我覺得
會下跌，
但既然大家
都這麼說…
下跌

必要知識 11

資金槓桿真正的意義

槓桿（倍率）不是指獲利會加倍！

日本的個人外匯投資，依規定槓桿倍率最高可達25倍（**法定槓桿**）。槓桿倍率的意思，簡單說就是支付的保證金可進行「多少倍金額的交易」。看到這裡，很多讀者應該已經發現，這代表即使手上沒有很多錢，也能進行大金額的買賣。甚至有人會覺得這是以小博大的大好機會。另一方面，可能也有人擔心其中是不是有陷阱等等。

法定槓桿
日本金融廳規定的槓桿倍率上限。早年日本並無倍率的限制，但2010年規定最高50倍，2011年又修改為25倍。

我在日本政府導入槓桿上限前，就已經開始投資外匯。其實就算加上槓桿的限制，交易的方式實際上仍沒有任何改變。這是為什麼呢？因為不論槓桿是多少倍，受影響的也只有必要保證金的金額要準備多少而已。價格變動造成的匯益匯差，是由買賣金額，而不是必要保證金決定的。槓桿高的話賺得不會比較多，槓桿低的話也不會有所損失。會改變的只有必要保證金佔資金的比例。

槓桿倍率不影響匯損匯益

美元兌日圓匯率為110.00時，交易1萬美金的情況

美元／日圓的匯率	110.00	110.00
無槓桿時	需110萬日圓方可交易	
槓桿倍率	**100倍**（1%）	**25倍**（4%）
1萬美金的保證金	**1.1萬日圓即可交易**	**4.4萬日圓即可交易**
每1日圓的漲跌	1萬日圓的增減	1萬日圓的增減
匯率上升至111.00時	1萬日圓的獲利	1萬日圓的獲利
匯率下跌至109.00時	1萬日圓的虧損	1萬日圓的虧損

獲利和虧損實際上沒有差別。

無論倍率多高，改變的也只有必要保證金而已。

槓桿也是一種日常生活不會接觸到的觀念。通常我們會用槓桿原理來解釋何謂資金槓桿，但我想這種解釋方式應該很多人還是聽不懂吧。

○重要的是「實質槓桿」

槓桿倍率為25倍，代表「只需準備交易金額4%的保證金」。

例如當「美元／日圓」的匯率為1：110時，以現貨交易的方式購買1萬美元，需要支付110萬日圓；但用外匯保證金交易的話，只要支付4萬4000日圓的保證金，就能進行1萬美元的交易。

戶頭內存有10萬塊，而外匯保證金可以用25倍的槓桿交易，等於我手上擁有250萬——有的人可能會這

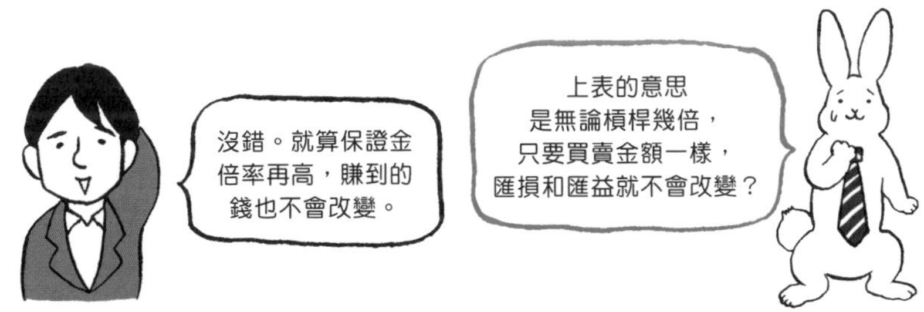
上表的意思是無論槓桿幾倍，只要買賣金額一樣，匯損和匯益就不會改變？
沒錯。就算保證金倍率再高，賺到的錢也不會改變。

因為你的戶頭裡
還有100萬
券商
所以實質槓桿
是1.1倍喔！
我想交易
1萬美金

麼理解，但其實並不是這樣。這大概是因為沒有完全理解外匯保證金，以及投機買賣和市場交易的本質而產生的誤解。雖然槓桿的倍率會影響交易所需的保證金，但因為價格波動產生的匯益匯損是由交易量（本例為1萬美元）決定的，所以不會改變。

而槓桿中最重要的乃是「實質槓桿」。通常，投資人提到「槓桿」這個詞的時候，指的都是實質槓桿。初學者常常會把法定槓桿的25倍，跟專業投資者和金融從業者口中的實質槓桿混在一起，所以不容易理解其中的意思。必須特別注意。

所謂的實質槓桿，乃是交易金額的總和除以帳戶餘額的倍率。之所以強調是交易金額的「總和」，是因為投資人往往同時持有好幾個部位。專業的投資者會時時檢視自己的帳戶餘額和實質槓桿倍率。然後調整自己的交易量，避免實質槓桿的倍率太高。

假設美元／日圓的匯率為110.00，交易了1萬美金，隨著帳戶餘額不同，實質槓桿的倍率也會不一樣。若帳戶餘額為100萬日圓，則實質槓桿便是1.1倍；10萬日圓的話則是11倍。那麼，現實中投資人都是用多少倍的實質槓桿在交易呢？答案是10倍以下。一般來說都是個位倍數。

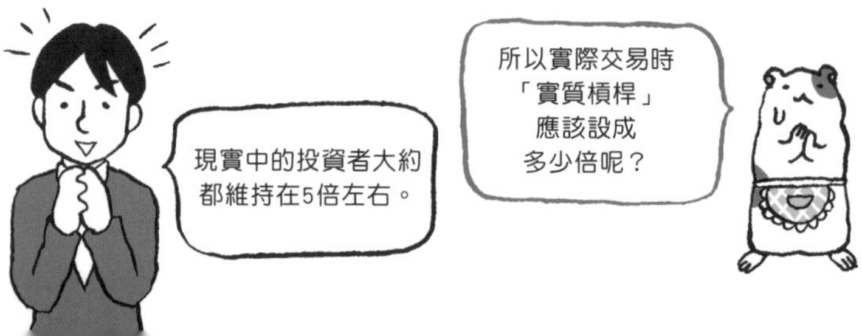
所以實際交易時
「實質槓桿」
應該設成
多少倍呢？
現實中的投資者大約
都維持在5倍左右。

投資人不可忽略的「實質槓桿」

實質槓桿 ＝ 交易金額的總和 ／ 帳戶資金餘額 ← **以此公式計算**

美元／日圓＝110.00時，交易1萬美金的情況

美元／日圓的匯率	110.00	110.00
帳戶餘額	100萬日圓	10萬日圓
雖然法定槓桿是25倍……		
1萬美元的保證金	4.4萬日圓	4.4萬日圓
實質槓桿	1.1倍	11倍

穩當！ ← 在專業投資人眼中 → **風險很高！**

現實中的投資者大約都用5倍的實質槓桿在交易。

換言之，能在市場上活下來的投資者都不喜歡2位數以上的高槓桿，偏好用低風險的交易一點一點累積獲利。

此外，平常透過控制槓桿累積起來的資金，還能在大行情到來時發揮作用。這些盈餘可提高虧損的容許值，降低虧本的可能性，使自己能夠放手一搏。

喜歡研究經濟和會不會投資是兩碼子事。比起自己的想法，更應優先考慮市場的動態！

必要知識 12

用技術分析追蹤專家們的動向

初學者應重視以圖表為主的技術分析！

預測外匯市場未來走向的方法，可粗分為基本分析和技術分析兩大類。基本分析是從全世界的森羅萬象、政治經濟、國際大事分析外匯市場的價格變化。其最重要的指標是**中央銀行**的金融政策，此外也會考量**GDP**、貿易收支、失業率、消費者物價指數等經濟數據的影響。還有，政治性的因素也是基本分析關心的對象之一。因為政權交替、選舉、還有國家政策，都會對金融市場產生影響。

然而，雖說初學者至少應該掌握各國央行公布金融政策的日期，但最好不要把此類政治經濟的影響列入考量。既然本來就不是金融或政治的專家，對於此類新聞的分析能力，頂多也只有茶餘飯後的閒聊程度。基本分析連在金融機關工作，每天以此為業的**經濟學家**和**分析師**都相當難以判斷，門外漢不太可能做到，不要想太多還比較容易保住資金。

中央銀行

如日本銀行或美國聯準會（FED）等依法設立的公家銀行。中央銀行實施的金融政策會對經濟造成很大的影響。

GDP

表示一個國家全年生產之附加價值總額的指標。通常GDP成長率高的國家，其貨幣會升值。

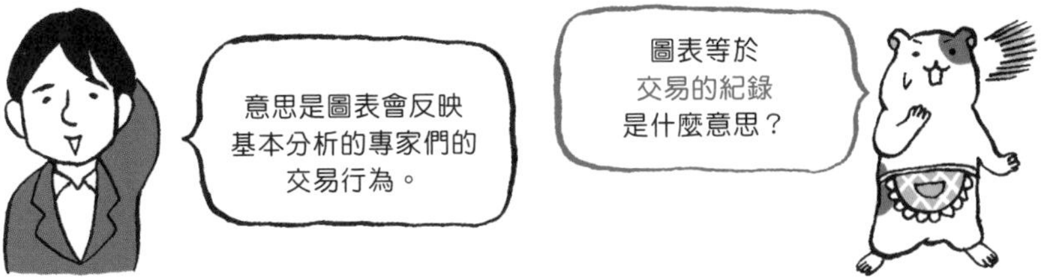
圖表等於
交易的紀錄
是什麼意思？
意思是圖表會反映
基本分析的專家們的
交易行為。

○用技術分析追蹤專家們的動向

初學者應該重視的是技術分析。圖表上顯示的價格波動，也記錄了市場參與者們的交易行為。因為外匯市場上能力最差的就是剛入門的自己，所以觀察在市場上打滾多年的專家們的交易紀錄（圖表），追蹤他們的動向，才是最有效率的做法。而用於分析此類價格變動的工具，也就是技術分析工具，券商都已經提供給我們了。理解並善用這些技術分析工具，會比學習基本分析更容易在市場上獲取利益。

本書前文曾提到我有個朋友的小孩，從11歲國小五年級就開始玩外匯，身為小學生的他當然不懂得什麼經濟理論。他的獲利100%都來自技術分析。對他而言，技術分析就像玩遊戲一樣，只要在圖表出現容易獲利的圖形時進行交易，嚴守這個原則，就能賺到幾十倍的零用錢。由這個例子來看，初學者們從技術分析入門，會更容易賺到錢。

經濟學家
經濟學的專家。包含經濟學的學者、研究員等，以預測和分析經濟變化為工作的人。

分析師
投資戰略的專家。負責分析、預測經濟或市場的動向，擬定更有效率的投資策略。

這裡也是重點！外匯用語 1

外匯特有的單位點、單位貨幣

表示波動幅度的單位：點（pips）

若美元／日圓的匯率從110.235上升到111.127，表示美元價格漲了89.2錢（日幣單位，1圓＝100錢），升幅為0.892。而若歐元／美元從1.13515變成1.14407，則升幅便是0.00892。各位覺得何者的升幅較大呢？其實是一樣的。由於外匯的單位因貨幣種類而異，直接看數字很難看出所以然。因此，為了讓每種貨幣對的波動幅度都能一目瞭然，便創造了點（pips）這種單位。除了日圓寫到小數點後三位以外，其餘貨幣對的匯率則寫到小數點後五位；然後不論哪一種貨幣對，其最小單位皆定義為0.1點（例：USD／JPY的1點＝0.01，EUR／USD的1點＝0.0001）。所以換算成點後，無論美元／日圓還是歐元／美元，其升幅皆為89.2點。

買賣金額的單位：單位貨幣

所謂美元／日圓的匯率為110.25，表示1美元可兌換110.25日圓。若之後匯率從110.25日圓變化至120.27日圓，獲利也只有10.02日圓，因為買賣的金額只有1美元。所以投資外匯時會放大買賣金額。例如買賣金額為1萬美金的話，10.02日圓的波幅就會變成1萬倍的10萬200日圓；買進100萬美金的話獲利更會放大至1002萬日圓。

在以各國貨幣為交易對象的外匯市場，除了美元／日圓外，還有歐元／英鎊、歐元／美元等商品。譬如以美元／日圓交易1萬美元，用相同的數字交易歐元／日圓，單位就要換成1萬歐元；英鎊／日圓的話則是1萬英鎊。由於外匯市場交易的貨幣對種類很多，交易對象也不限於美金或日幣，所以為了省去每次交易不同貨幣對就要改變單位的麻煩，通常會使用「單位」一詞來代替特定的貨幣稱呼。

只要搞懂術語
就能搞懂外匯！

第 4 章

武器選擇

首先選擇一種
賺錢的「武器」

本章介紹的是用外匯賺錢的方法。該怎麼下單才能在外匯市場中獲利呢？外匯的世界存在許多累積資金的技巧和竅門。然而，要從中選出特定一種來用，是一件很困難的事情。所以請先鎖定一種交易方法，創造一個「只要有它就行了」的賺錢武器吧！

武器選擇 1

鎖定交易的方法

與其多方嘗試，不如鎖定一種方法打好基礎。

前兩章說明了投資外匯的觀念和必要知識。

接下來我們要來談談獲利的具體方法，教導大家如何建立「外匯交易的武器」。

投資外匯的獲利方法是人各有異，但剛入門的新手常常還沒找到「屬於自己的武器」，資金就已經見底了。其中的原因有四個。

①投資時不曉得每種交易風格（剝頭皮、當日沖銷、波段交易）有什麼不同，哪種適合自己。②面對無數的技術分析工具（移動平均線、一目均衡表、布林通道、MACD、KD指標、RSI等），還沒找到自己該用哪一種較好、哪一個自己容易理解，資金就已用盡。

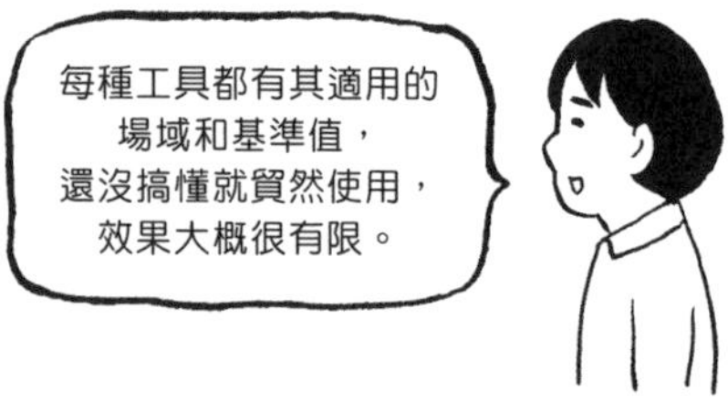
每種工具都有其適用的
場域和基準值，
還沒搞懂就貿然使用，
效果大概很有限。

用自己的步調前進

這方法能賺錢！

雖然很在意，
不過我有我自己的
方法！

雖然老手經常組合、對照不同的分析工具來使用，但新手如果依樣畫葫蘆，反而會因為不曉得每種工具的基本用途，讓自己混亂。

同時③在不同時間軸的圖表下，同一種分析工具顯示的東西也不一樣，更容易讓初學者迷惑。而最大的問題則是④因為買賣金額太大，使得資金一下子就賠個精光。

○首先拿好一種「武器」

因此，本書建議大家鎖定一種交易的方法，從簡單的方法開始。然後再把這個方法當成你的第一件「武器」，學習操盤的基礎。

在這過程中，相信大家能透過實際下單學到很多外匯的知識。所以請先握穩一件能幫助你避免嚴重虧損，或是能確保一定獲利的「武器」後，再以此知識和資料為基礎，尋找「屬於自己的武器」，腳踏實地學習外匯交易。

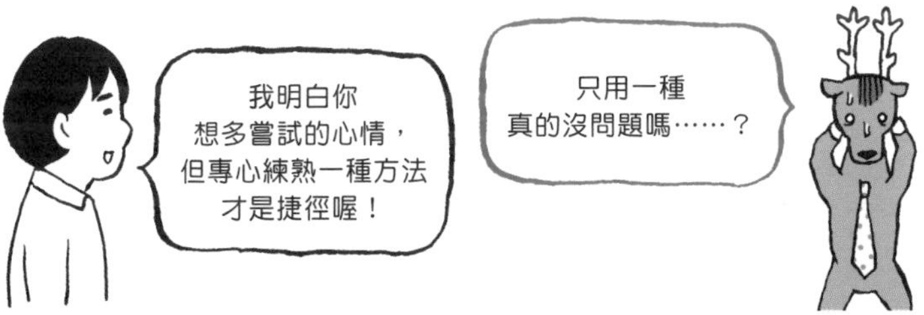
只用一種
真的沒問題嗎……？
我明白你
想多嘗試的心情，
但專心練熟一種方法
才是捷徑喔！

武器選擇 2

適合自己的交易風格

初學者適合從波段交易開始。

外匯的投資，依照不同的時間軸和價格走向，存在各式各樣的交易方法。然而，如果不曉得時間軸或交易的基本知識，是無法找出自己的交易方法的。

交易的方法中，雖然存在**剝頭皮交易**（以下簡稱剝頭皮）、當日沖銷（以下簡稱當沖）、波段交易等不同類型，卻沒有嚴格的區分方式。大致上只是圖表時間軸的差異。時間軸不同，市場價格的波幅便不一樣。以此為基礎的目標獲利空間和停損基準也不相同。而停損基準不同，**交易手數**（lot）也會不同，同時影響到風險管理和資金槓桿。

○波段交易的機會每週約1～2次

進行剝頭皮那種超短期（數分鐘左右）的交易時，單次交易的獲利空間通常很

剝頭皮
1天內進行數次交易，像「剝頭皮」一樣一層層累積薄利的交易手法。

手（lot）
即下單的數量。下單時可選擇的最低數量稱為1手。有的券商以1000單位貨幣為1手，有的則以1萬單位為1手。

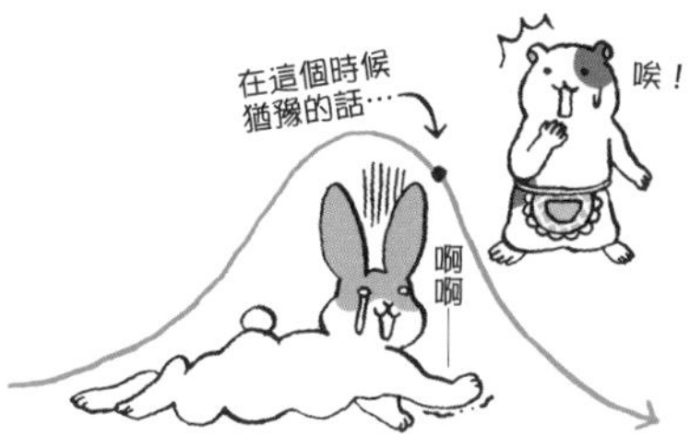
在這個時候
猶豫的話…
唉！
啊啊

剝頭皮交易法只有一瞬間
能判斷停損，很難操作……

小。大概只有1～5點左右（美元／日圓的話就是0.01～0.05日圓。關於點數的定義請參見P78）。因為每回交易的獲利空間小，所以交易的次數就必須增加。在相當於1次當沖的時間內，進行20甚至30次交易，一點一點地累積獲利。同時交易的手數愈大，有時獲利也會增加。採取當沖交易法的人交易1萬單位，用剝頭皮法的人必須交易50萬到100萬單位才有可能得到相同的獲利，故1次交易很難取得相同的利潤。況且這還需要大量的資金。下單的手數高，當價格朝跟預期相反的方向移動時，若不立即停損，就會產生巨大的損失。這種交易法需要集中力和當機立斷的判斷力，所以不太適合青澀的新手。

而交易時間介於數十分鐘～數小時的當沖交易法，通常是在買進或賣出後的1天內完成平倉，結束交易。因為所有部位絕對不會放到隔天，所以每晚都能安心入眠。不過雖說是當日沖銷，卻不需要像上班一樣每天交易，可以只在機會來臨時下單。請記住，做外匯是讓金錢為自己工作，而不是自己去工作。

但對於接下來打算踏入外匯世界，當個兼職投資者的人，我推薦的是波段交易法。這種交易法只需每個禮拜進行1到2次交易，以數天為周期，目標獲利空間約在50～100點（美元／日圓的話就是0.5～1日圓）之間。使用圖表的時間軸大概是60分線～8小時線。外匯的新手多半都是兼職的，在從事本業的時候應該很難一直緊盯市場動態。這類人較適合只在新K線出現時才需看一次線圖的波段

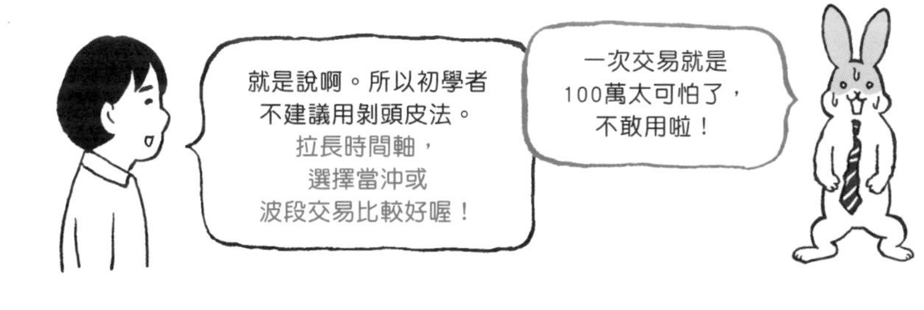
一次交易就是
100萬太可怕了，
不敢用啦！
就是說啊。所以初學者
不建議用剝頭皮法。
拉長時間軸，
選擇當沖或
波段交易比較好喔！

交易法。由於時間軸較長，機會每週只出現1到2次。但也正因為如此，為了活用次數不多的機會，每次都必須看著圖表做好準備，等待時機。像這樣壓抑想快點下單賺錢的欲望，耐著性子等待機會來臨，也有助於投資人練習控制自己的內心。我一開始教給那位小學生的，也是波段交易法。

不同交易法間的另一種差異則與時間無關，是方向性的差異，也就是順勢或逆勢。順勢交易就是順從趨勢，如果是上升趨勢的話就只做買單，如果是下降趨勢的話就只做賣單。這種追隨趨勢的人，在市場上稱為趨勢追隨者（trend follower）。相反地，逆勢交易就是在價格上揚的時候賣，在下跌的時候買，逆著市場方向交易。是種企圖在行情的天花板賣出，並在底部買進的貪婪手法，是非常困難的交易方式。有過股票（現貨）交易經驗的人特別容易做出逆勢交易的行為，務必留意（參見P13）。

我建議初學者先採順勢的波段操作，持續練習數個月，以學習外匯的各種知識為目標。

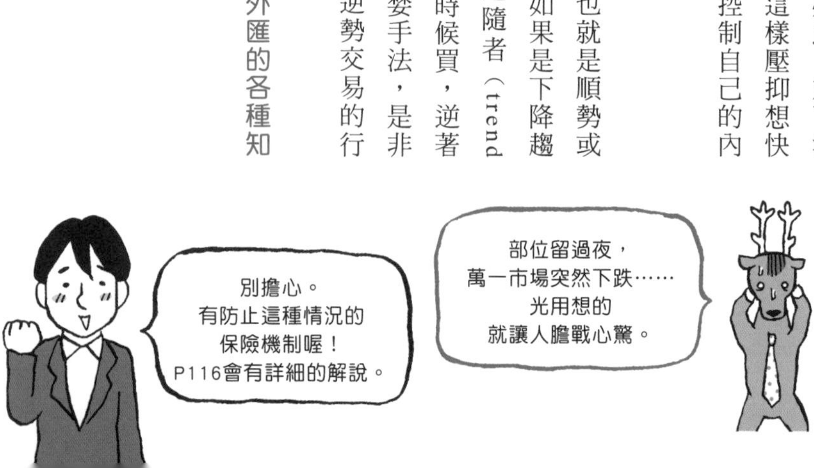
部位留過夜，
萬一市場突然下跌……
光用想的
就讓人膽戰心驚。
別擔心。
有防止這種情況的
保險機制喔！
P116會有詳細的解說。

改變時間軸，交易風格也不同

推薦！

三種交易風格的比較表

	剝頭皮	當日沖銷	波段交易
交易次數	1天50～200次	1天1～10次	1週1～2次
時間軸	1～5分線	15分～60分線	1～8小時線
目標獲利（單次）	1～5點（0.01～0.05日圓）※	10～50點（0.1～0.5日圓）※	50～100點（0. 5～1日圓）※
圖表確認	交易中隨時	1天數次	1～8小時一次
難易度	適合上級者	適合初～中級者	適合初學者

※美元／日圓的情況

波段交易的操作例

美元／日圓　60分線

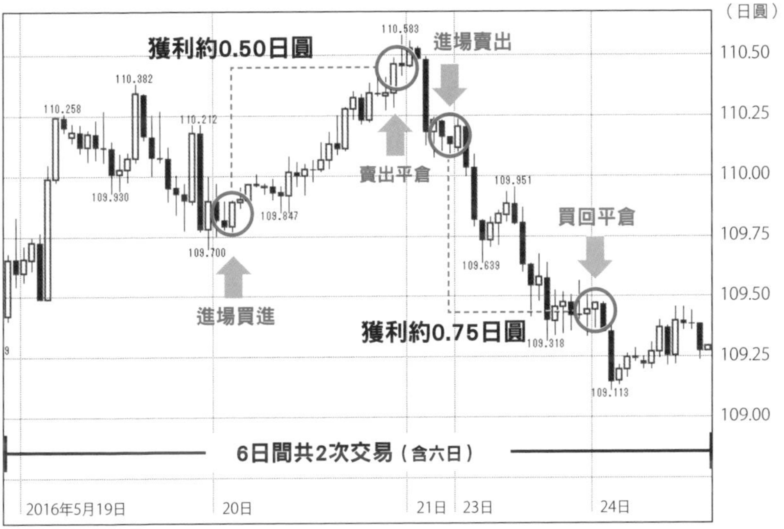

武器選擇 3

「不交易」也是一種武器

不要在混亂的市場交易。尋找初學者也能進入的市場！

不只是外匯，無論在何種領域，初學者都很難應對突如其來的場面。不論是打棒球或網球，拳擊或駕駛，要快速應付都需要一定的經驗。

○初學者不需要故意挑戰困難的場面

市場有時會劇烈地變動。例如**美國就業率統計**或央行公布新的財經政策等，對金融市場有巨大影響的事件發生後，市場常常會用極快的速度大起大落。這種可稱得上是市場大暴動的狀態十分危險，初學者沒有必要特地進去攪和。

當市場急速變化時，**波動率**（volatility）就會上升，賣價和買價的點差（spread）也會擴大，通常很難獲利。

美國就業率統計
由美國勞工部公布，美國最受注目的指標之一。是可以反映就業市場景氣的經濟指標。每月第一個星期五公布，發布時市場經常出現劇烈變動。

長時間軸仍出現急遽價格變動的例子

美元／日圓　4小時線　2016年1月21日～2月9日

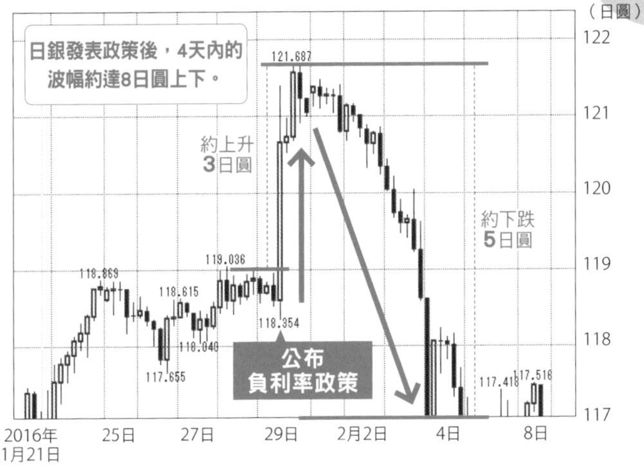
日銀發表政策後，4天內的
波幅約達8日圓上下。
(日圓)
122
121
120
119
118
117
121.687
119.036
118.869
118.615
118.354
118.040
117.655
117.418
117.518
約上升
3日圓
約下跌
5日圓
公布
負利率政策
2016年
1月21日
25日
27日
29日
2月2日
4日
8日

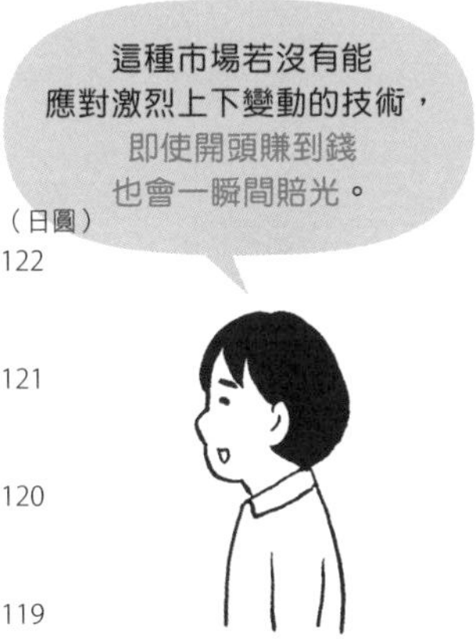
這種市場若沒有能
應對激烈上下變動的技術，
即使開頭賺到錢
也會一瞬間賠光。

初學者請在方向性明顯的市場交易
（請參見P88）

市場難預測，賺錢就不容易，加上變動又快，初學者沒有理由故意挑戰這種嚴峻的場面。再說一次，想從這種巨幅的變動中一口氣賺大錢，乃是「貪婪」的表現。

那麼，初學者究竟該選擇何種場面交易呢？其重點在於「方向性」和「時機」。關於這兩點，我們將在下一頁說明。

波動率

Volatility。意指價格的波動幅度。價格大幅起伏的時候就稱為「波動率大」，反之則是「波動率小」。

點差（spread）
就像外匯的手續費。
價格上下起伏愈大，
點差也愈大。

武器選擇 4

把握趨勢的方向

跟市場方向和進場時機做朋友，是獲利的不二法門。

如果弄錯市場趨勢移動的方向，就等於逆勢而行，損失會隨著時間而愈來愈大。此外，多數投資人如此重視趨勢，正是因為明白跟隨市場的方向才更容易獲取利益。

初學者首先應該牢記掌握趨勢對獲利的重要性。只要不妄想一獲千金而疏於風險管理，掌握趨勢的方向來下單，就算有點小失誤也還是能獲利。

此外，趨勢的判斷會隨著時間軸改變。就算是強勁的上升趨勢，在短時間軸的圖表中依然伴隨著下降趨勢。因為市場乃是波狀的，即使日均線和週均線呈強勁的上升趨勢，換成60分線和15分線後仍能發現明顯的下降趨勢。趨勢的判斷是依存於哪種時間軸？投資時一定要注意這點。

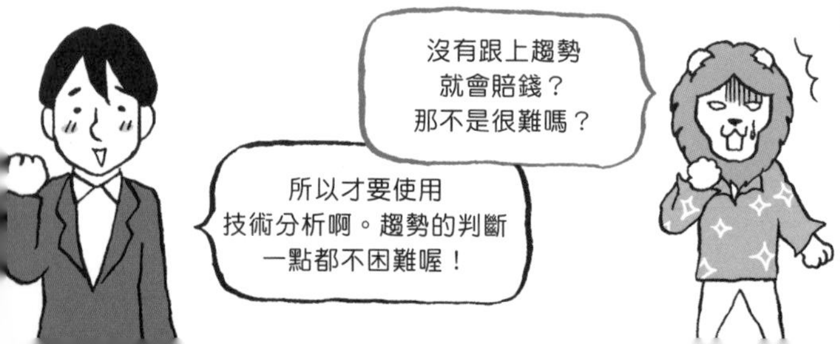
沒有跟上趨勢就會賠錢？那不是很難嗎？
所以才要使用技術分析啊。趨勢的判斷一點都不困難喔！

就算有點失誤，趨勢也會幫你賺回來

美元／日圓　8小時線　2015年10月12日～11月30日

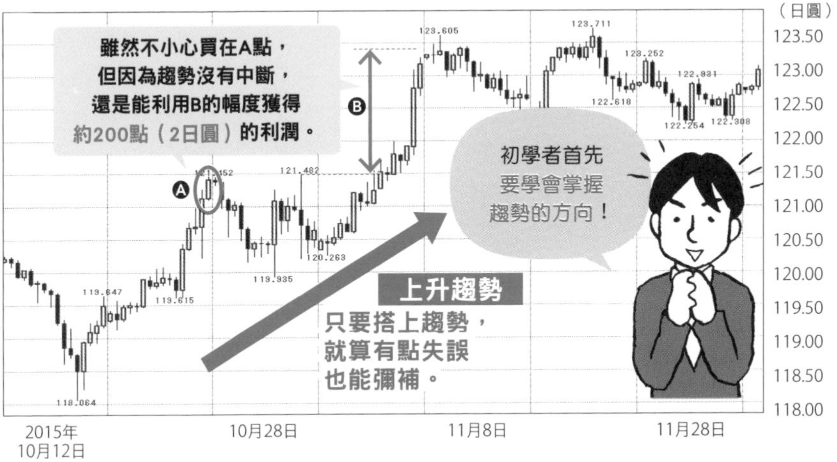
（日圓）
雖然不小心買在A點，
但因為趨勢沒有中斷，
還是能利用B的幅度獲得
約200點（2日圓）的利潤。
A
B
初學者首先
要學會掌握
趨勢的方向！
上升趨勢
只要搭上趨勢，
就算有點失誤
也能彌補。
123.605
123.711
123.252
122.831
122.618
122.254
122.308
121.452
121.482
120.263
119.935
119.647
119.615
118.064
123.50
123.00
122.50
122.00
121.50
121.00
120.50
120.00
119.50
119.00
118.50
118.00
2015年
10月12日
10月28日
11月8日
11月28日

沒有永恆持續的趨勢

另一個很重要的觀念就是**進場**的時機。不管市場上的趨勢呈現多麼一面倒的情況，也不存在永遠持續的趨勢。以為會上漲，結果一買進就轉跌；或者以為會下跌，結果一賣出就反漲，會發生這種情況，大概都是因為進場的時機不對。

不過只要趨勢沒有中斷，價格遲早會繼續往趨勢的方向移動，漲回或跌回進場時的價格（又稱**建倉價**）。所以，如果趨勢夠強的話，只要繼續等到價格往預想的方向跨過建倉價，就能賺到錢了。

然而，萬一進場的位置剛好在天花板或地板，也就是趨勢的尾巴，繼

進場
開始下單交易的意思。外匯無論買或賣都算是開始交易，所以可分為「進場賣」或「進場買」。

建倉價
進場買賣時的價格。等價格回到建倉價時再平倉，在日文又叫「建值平倉（建值決済）」。

直到機會來臨前……
還不是時候！
都要耐心等待……

續等下去也只會愈賠愈多而已。所以一定要事先設好停損單（參見P116）。由此可知，價格是否朝趨勢方向移動的方向性、進場的時機、還有當變化不如預期時的止損措施，對於投資外匯非常重要。一定要耐著性子等待，尋找適當的進場時機，並不厭其煩地經常確認市場的方向才行。

那麼，具體而言究竟該怎麼確認呢？為此，第5章將介紹一種有助於大家找出最佳進場時機的工具，也就是技術分析工具之一的移動平均線。

如果不能判斷，就不要下單

趨勢雖然非常重要，但外匯市場上也常常出現沒有趨勢，沒有特定方向的狀態。這種狀態就稱為橫向整理或箱型整理。因為根本不存在方向，所以無從判斷該買還是該賣。另外**順勢交易法**所用的武器，在趨勢不明確時是派不上用場的。如果兩手空空的上戰場，只會平白丟掉資金而已。

那麼遇到這種方向不明確的情況，也就是無趨勢的狀態，到底該怎麼辦呢？直接從結論來說，「如果不能判斷，那就不要下單」。在不確定的情形下交易，就只是賭運氣的賭博而已。

請記住，只有被欲望擺布的人，才會在不確定的狀況下交易。

順勢交易法
跟隨趨勢方向買賣的手法。跟前文提到的順勢操作是一樣的意思。

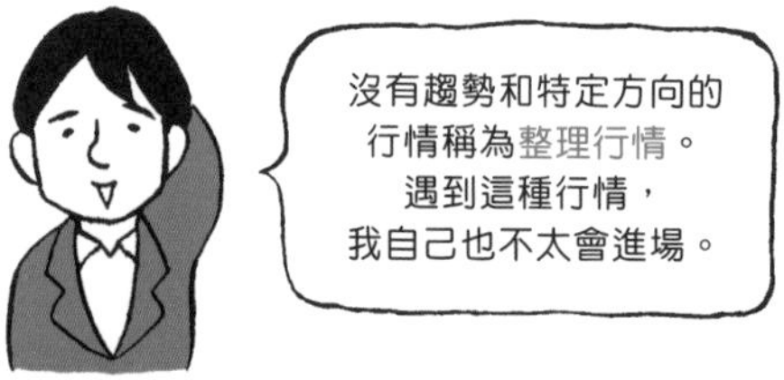
沒有趨勢和特定方向的
行情稱為整理行情。
遇到這種行情，
我自己也不太會進場。

有趨勢的話就很好判斷

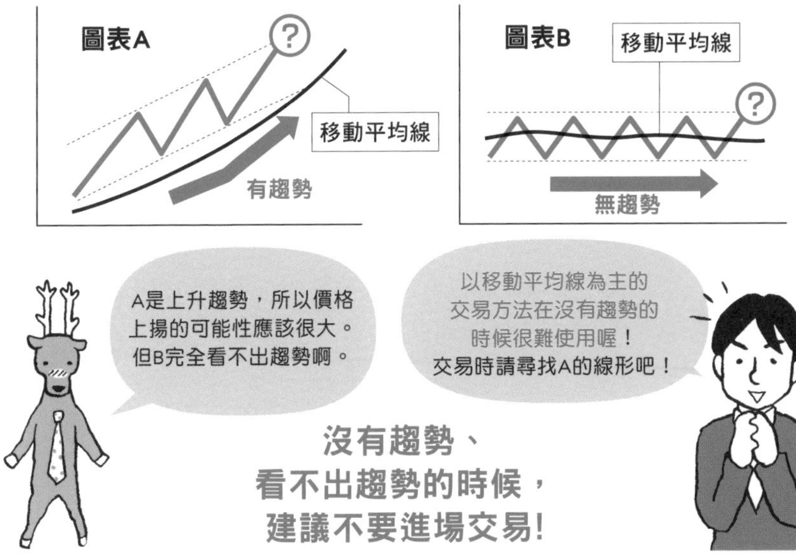
圖表A
移動平均線
有趨勢
圖表B
移動平均線
無趨勢
A是上升趨勢，所以價格上揚的可能性應該很大。但B完全看不出趨勢啊。
以移動平均線為主的交易方法在沒有趨勢的時候很難使用喔！交易時請尋找A的線形吧！
沒有趨勢、看不出趨勢的時候，建議不要進場交易!

武器選擇 5

固定交易的手數

記錄數據時，如果每一筆交易的下單條件不一致，就沒有意義。

在弱肉強食的外匯世界，什麼都不知道的新手如果貿然闖進去，很容易變成冤大頭。所以最初幾個月必須花時間研究如何在市場上生存。而用數個月的時間，建立至少百筆以上的交易紀錄，則有助於尋找在外匯世界活下來的武器。所以在本書的P81，才要求各位一定要累積自己的交易資料。

○規定自己用相同的手數交易

記錄數據時，如果沒有控制環境的變因，這些資料就沒有意義。故本書要求各位在交易方法上，採用順勢交易的方式，並選擇當沖或波段交易法。除此之外，交易手數（lot）也應保持一致。最好使用券商提供的最小手數。

記錄交易結果時，由於損益值會因幣種而異，故最好使用點數（參見P78）記

記錄交易資料時應控制的三種條件

①交易方法	②交易風格	③交易手數
順勢操作	**波段當沖**	**總是維持最低手數**
只要順著趨勢買賣，即便進場時機不盡完美也能亡羊補牢。	剝頭皮法需要高精度的市場判斷力，但波段交易即使兼職人士也能辦到。	可在相同條件下比較數據。並可避免無謂的虧損，減少記錄時的錯誤。
移動平均線	60分～8小時線圖	1000單位

用數個月的時間以此方法累積交易資料

使交易條件一致，
才能看出
自己擅長和
不擅長的地方。

錄。不過剛開始時，一定會很在意實際金額，如此一來，欲望便會萌生，讓人忍不住用較高的手數下單，或是虧損後妄圖增加手數贏回賠掉的份（這是輸家的思考邏輯）。

因此，我們要規定自己，每次下單都選擇相同手數。如此一來即可避免無謂的損失，並減少記錄時的錯誤。最開始的10萬日圓只是用來練習的，用最低手數交易，延長資金壽命，避免本金噴光，增加練習次數才是最要緊的。

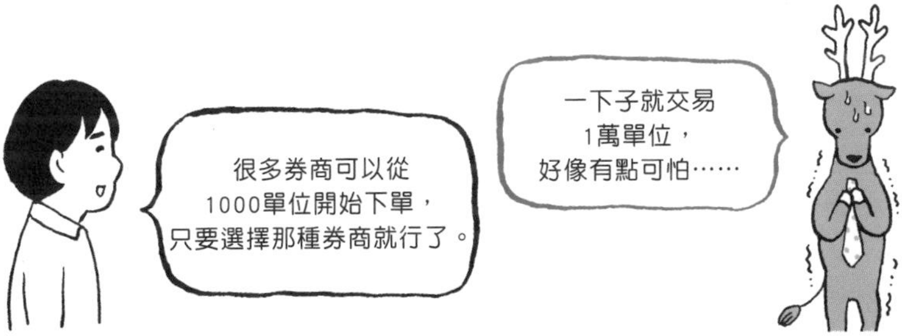
一下子就交易
1萬單位，
好像有點可怕……
很多券商可以從
1000單位開始下單，
只要選擇那種券商就行了。

武器選擇 6

選定技術分析的工具

理解並持續使用一種分析工具，就能成為交易時的武器。

操作外匯不能沒有技術分析。無論是判斷趨勢或進場時機，技術分析都是十分有效的工具。然而唯有滿足2個前提，技術分析才能在交易時發揮效用。

第一是選定自己的技術分析工具。

第一次買賣外匯時，想必有些人會十分不安。儘管都叫技術分析工具，但其種類卻多如繁星。很多人常常會不曉得該使用哪種，只好一邊猶豫一邊一一嘗試。而這種「猶豫」正是技術分析工具用不好的最大原因。

用這個工具到底對不對呢？如果抱著這種心情下單，一旦出現損失時便很容易覺得「啊啊，果然不該用這個工具」。然而，事實上工具本身並沒有問題。一如我們在前面的章節所說，沒有一種分析工具是完美的。同時無論多麼厲害的投資者，都一定會有賠錢的時候。因此，不要懷疑工具的選擇，用「投資本來就是

如果不曉得該使用哪種工具，可以選擇第5章介紹的移動平均線。

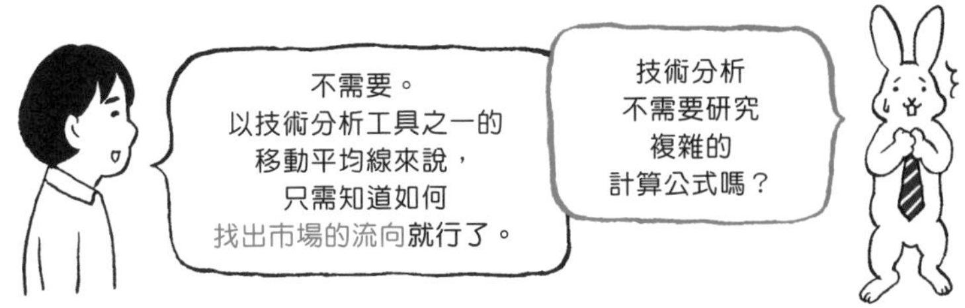
技術分析
不需要研究
複雜的
計算公式嗎？
不需要。
以技術分析工具之一的
移動平均線來說，
只需知道如何
找出市場的流向就行了。

有賺有賠」的正面態度，不氣餒地持續練習一種工具是非常重要的。如果因為賠錢就改變分析工具，最後只會迷失在工具的選擇中。持之以恆地使用一種工具，就會慢慢了解這種工具的特性。隨著你對它的理解愈來愈深，它便能成為你投資外匯一輩子的武器。

○技術分析工具是客觀的判斷指標

第二點，則是是否確實了解自己所用工具的用途。

技術分析工具雖然能計算價格的變化，但如果不了解為什麼要這樣計算，算出來的結果又代表什麼，就無法在迷惑時用來保護自己。

市場有時會出現難以理解的變化來迷惑新手。這種時候，若能想到「雖然現在市場是那樣走，但技術分析顯示的訊息卻是這樣」，便可冷靜地判斷局勢。投資外匯時最容易誤導判斷的不是技術分析工具，而是自己的感情。欲望和恐懼會動搖人心，所以擁有一個不受情感影響的客觀指標很重要。

投資外匯時若想減少虧損，最該注意的便是半吊子的判斷。堅定自己使用的分析工具，長久地使用它，將它化為自己的一部分是非常重要的。等到擁有第一件外匯交易的武器，能用它賺到錢後，再來尋找第二件武器吧。

一旦選好
就不要花心
請多指教！
技術分析
Ⓐ
好夥伴
我會對你專一的！
（雖然B也很吸引人）
我可是
很厲害的
指標喔！
技術分析
Ⓑ

用技術分析工具預測價格走向

美元／日圓　60分線

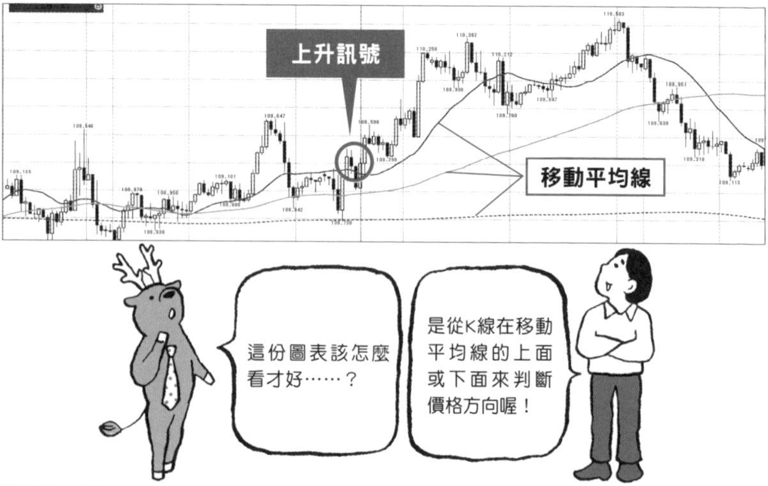
上升訊號
移動平均線
這份圖表該怎麼看才好……？
是從K線在移動平均線的上面或下面來判斷價格方向喔！

那麼，說了這麼多，究竟該選擇哪一樣工具呢？

本書推薦給各位的第一個工具是**移動平均線**。雖然這是技術分析中最基本的一種武器，但正因為基本，一旦學會的話將非常好用，是很可靠的工具。

下一章開始，我們將介紹使用移動平均線買賣外匯的具體方法。

移動平均線
運用統計學得出的投資指標。發明者為美國分析專家葛蘭碧（Joseph E.Granville）。作為分析價格走向最基本的指標而廣為人知。

第 5 章

武器應用

使用「最初的武器」開始交易！

專家會依照市場行情使用不同的武器。但初學者必須確實學好第一樣武器，把它變成身體的一部分。如果沒有做好這點，在名為市場的戰場上，很快就會因為手無寸鐵而退場。讓我們一起來學習基本的交易方法吧！

武器應用 1

用於尋找有利行情的移動平均線

對於初學者，建議以移動平均線作為買賣外匯的第一項武器。

在前面的章節中，我以自己身為投資者的經驗，介紹了外匯究竟是什麼，又需要滿足哪些條件才能賺錢。而在第5章，我建議大家學習使用移動平均線，把它當成投資外匯的第一件武器。

本章介紹的移動平均線交易法非常簡單。只需要觀察線圖上的價格在移動平均線的上面還是下面，尋找特定的線形，就能判斷該不該進場。是種連新手也能找出有利行情的武器。

○觀察現值與移動平均線的相對位置

首先來說說移動平均線是什麼。雖然這部分會牽扯到數學，可能某些人會感到頭痛，但因為這關係到能不能賺錢，所以還請用心理解。

因為外匯市場的投資者
大多都使用移動平均線，
故可跟上市場
多數派的動態。

由平均值連成的移動平均線

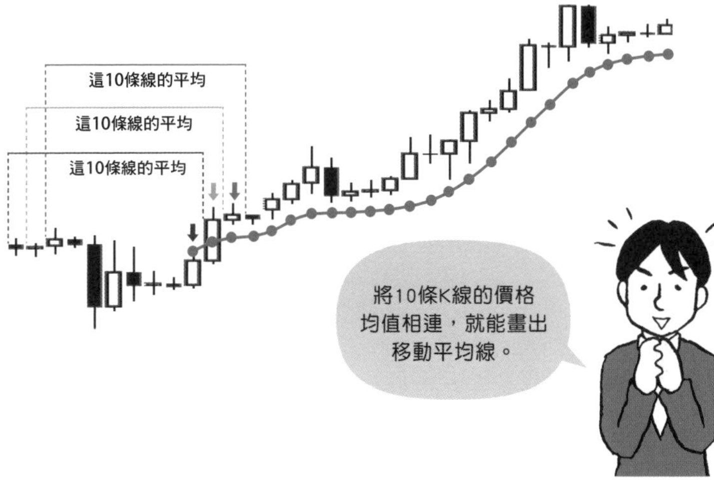
這10條線的平均
這10條線的平均
這10條線的平均
將10條K線的價格均值相連，就能畫出移動平均線。

一言以蔽之，移動平均線就是「由價格的平均值連成的線」。

接下來讓我們用10條（時間長度為10）60分K線組成的**單純移動平均線**為例來說明（參見上圖）。即使時間長度改成21、200、或是1500，原理也不會改變。

首先為了進行平均，要把個別的價格加起來，然後除以價格的個數。時間長度為10的意思，就是把10個價格的數值，例如各K線的收盤價加起來，然後再除以10，算出收盤價的平均值。

接著將算出來的平均值畫在第10條K線的位置。等到第11條K線出現後，再將第11條加上前9條的價格（因為時間長度為10），用同樣的方法算出平均值，寫在第11條K線上。如

單純移動平均線

本書介紹的移動平均線，是用最近價格平均而成的單純移動平均線（SMA＝Simple Moving Average）。其他還存在指數平滑移動平均線、加權移動平均線、以及置換移動平均線（Displaced Moving Average）等。但本次我們只使用單純移動平均線。

此便得到前一個平均值畫出的點，以及新平均值畫出的點共2個點。而這2點連成的線段就是平均線。然後重複此步驟，將一定時間長度（本例為10）的平均值畫在圖表上，全部連起來，就能畫出移動平均線了（見前頁的圖）。

這樣，移動平均線的原理就講解完了。當然，真正重要的是如何在實際的交易中使用。

由於移動平均線是平均值連成的線，所以這條線代表的就是最近一段時間內的平均價格。也就是說，**如果當前的市場價格在均線之上，表示價格較可能往上走，反之則可能往下跌**。

這是觀察移動平均線時最重要的訊號。包含我自己在內，全世界的投資人都在尋找這種線形。因為原理很簡單，所以本書開頭介紹過的小學生也能辦到（不過他現在已經改用較困難的工具）。而K線與移動平均線接觸，代表現在的價格很接近均價，不容易判斷會往上還是往下走。

以左頁圖為例，Ⓐ的K線因為是收盤價高於開盤價、代表上揚徵兆的陽線（參見P63），而且又跨越移動平均線，所以可以判斷往後的K線也會朝移動平均線上方推移，屬於上升趨勢（參見P88）。隨後，價格上升幅度逐漸變少，直到在Ⓑ時出現陰線（參見P63），並開始碰到移動平均線，在附近上下徘徊。此段即是

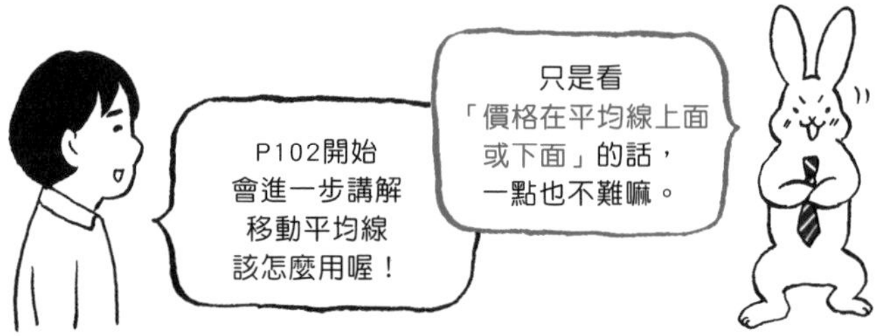
只是看「價格在平均線上面或下面」的話，一點也不難嘛。
P102開始會進一步講解移動平均線該怎麼用喔！

檢查價格在移動平均線的上或下

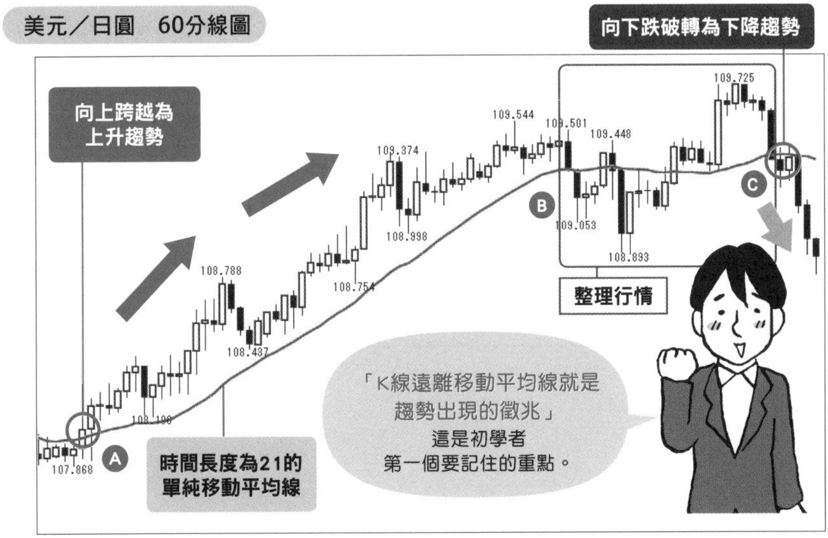
美元／日圓　60分線圖
向下跌破轉為下降趨勢
向上跨越為上升趨勢
109.725
109.544
109.501
109.448
109.374
108.998
109.053
108.893
108.788
108.754
108.437
108.100
107.868
整理行情
「K線遠離移動平均線就是趨勢出現的徵兆」
這是初學者
第一個要記住的重點。
時間長度為21的
單純移動平均線

整理的行情（B～C）（參見P90）。
最後到了C的位置，價格開始下跌，
轉變為下降趨勢。

就像這樣，透過K線的陽線・陰線，只要在圖表加上1條移動平均線，即可預測未來的價格動向。

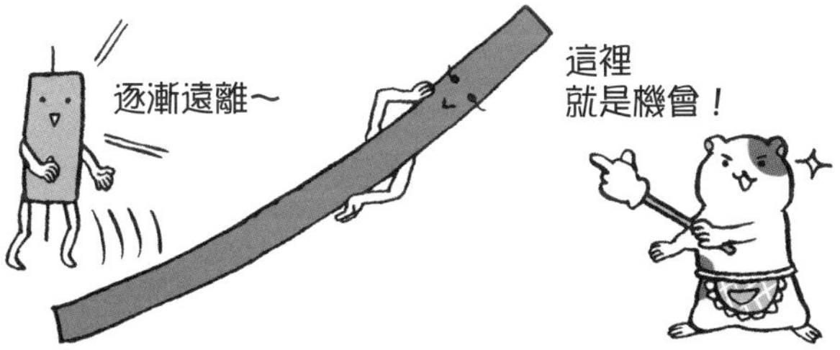
逐漸遠離～
這裡
就是機會！

武器應用 2

使用「時間長度21」的移動平均線

時間長度不一樣，畫出來的線也長得不一樣。到底該用哪條呢？

短期的移動平均線對價格的波動十分「敏感」，換句話說就是很貼近當前的價格，在圖表上十分接近K線。相反地，長期的平均線由於分母較大，故起伏會比較和緩。這種因為平均時間的長度而產生的差異，在分析外匯的價格變化時非常重要。

為了方便各位理解移動平均線的數值，讓我們來比較一下左圖中時間長度為10的均線（黑線），以及時間長度為75的均線（藍線）。比較後會發現，時間長為10（10SMA）的均線對價格比較敏感，與K線的距離也比時間長為75的均線更近。另一方面，時間長為75（75SMA）的均線與K線的動態感覺沒有什麼直接關係，非常平均。

由以上例示可知，移動平均線的時間長度，會影響實際畫出來的線形。

SMA

SMA就是單純移動平均線（Simple Moving Average）的縮寫。此處寫法代表時間長度10的單純移動平均線。

改變平均數量的話，線形會如何變化？

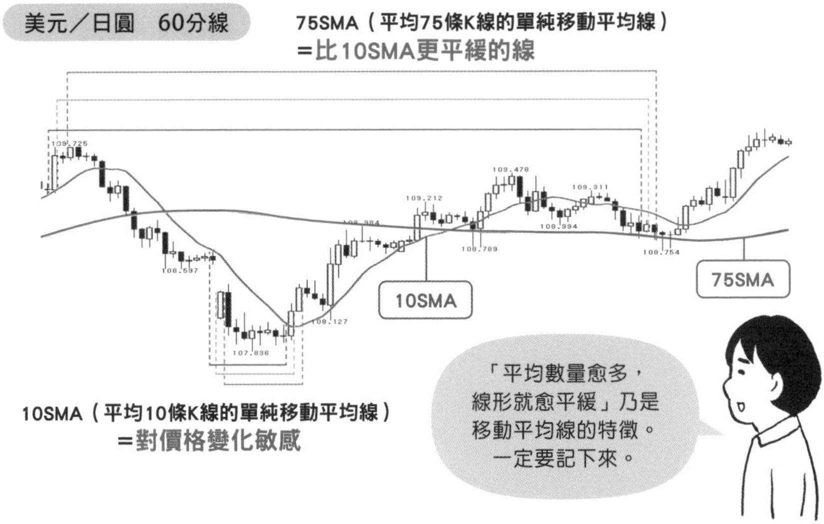
美元／日圓　60分線
75SMA（平均75條K線的單純移動平均線）
=比10SMA更平緩的線
109.725
108.597
107.836
108.127
108.984
109.212
108.789
109.478
108.994
109.311
108.754
10SMA
75SMA
10SMA（平均10條K線的單純移動平均線）
=對價格變化敏感
「平均數量愈多，
線形就愈平緩」乃是
移動平均線的特徵。
一定要記下來。

由於初學者常常不曉得該如何設定這個數值，故建議新手一律將時間長度設為21單位。

選擇這個數字，是因為外匯市場上大部分的人都使用時間長21的移動平均線。由於市場是隨多數派而動的，故參考大多數人使用的設定，比較容易搭上多數派的便車。

這種移動平均線的時間長度，與用不同時間尺度表現價格波動的時間軸（參見P104）很類似。

在圖表上，縱軸為價格的高低，橫軸為時間。一般人往往只關注價格的動態，但加上時間的概念，會更容易理解市場的波動。

武器應用 3

決定圖表的時間軸

趨勢的方向會隨圖表的時間軸而改變。

初學者剛開始接觸外匯時，建議使用時間長度21（21SMA）的單純移動平均線。如此一來技術分析就很單純了。接著只需考慮時間軸的問題。

為了了解交易時間軸（圖表的單位時間）對移動平均線的影響，讓我們以美元／日圓為例，同時比較日線、60分線、以及10分線圖的21SMA（參見左圖）看看。移動平均線的用法如同P100的說明。

日線圖的現值在21SMA的上方，故以日線圖來看為上升趨勢。然而換成60分線圖時，21SMA卻跟K線重疊，也有往下跌破移動平均線的可能性，故無法判斷方向。

再換成10分線圖後，更顯示了跌破21SMA的可能性。

明明是同一時刻，不同時間軸中的21SMA所顯示出的訊息卻完全不一樣。

趨勢因時間軸而異

美元／日圓　圖表為2016年4月27日的價格

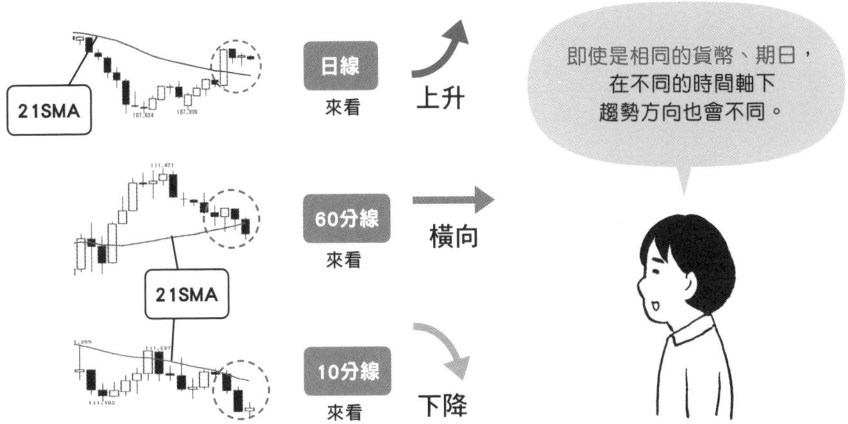
21SMA
日線
來看
上升
60分線
來看
橫向
21SMA
10分線
來看
下降
即使是相同的貨幣、期日，
在不同的時間軸下
趨勢方向也會不同。

而這份圖表的時間軸差異，正是讓人混亂的根源。所以為了不在判斷時產生迷惑，交易時必須先決定要使用的時間軸。

由於初學者比較適合採行波段交易法，故本書建議用60分或4小時K線搭配21SMA的單純移動平均線來操作。

如果平常閒暇的時間較多，可以每小時確認一次圖表，就使用60分線。如果不行的話，就利用上班前、午休、回家後的時間，1天確認3～4次圖表，這種時候就建議使用4小時線。

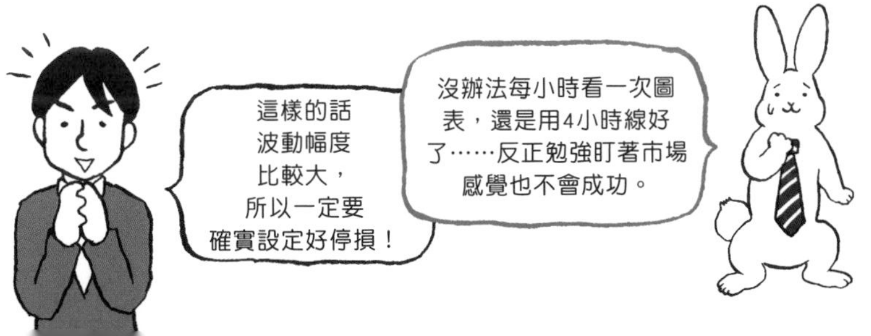
沒辦法每小時看一次圖表，還是用4小時線好了……反正勉強盯著市場感覺也不會成功。
這樣的話
波動幅度
比較大，
所以一定要
確實設定好停損！

武器應用 4

務必要確認日線的移動平均線

交易前要事先檢查長期線圖的方向！

外匯投資的關鍵，在於判斷市場上升或下降的方向性（趨勢），以及確認方向後進場交易的時機等2點。尤其對於還無法正確看出進場時機的新手而言，首先應該專注於如何不弄錯方向性。

方向性＝趨勢判斷正確的話，即使進場時機不完美，通常市場也會替你彌補失誤（參見P88）。

○掌握長期線圖的趨勢

移動平均線的用法如同P98後的說明，透過觀察現價在移動平均線上方或下方，即可大致判斷市場的方向。若在平均線上則為上升趨勢，若在平均線下就是下降趨勢。

趨勢在長期線圖上較準確

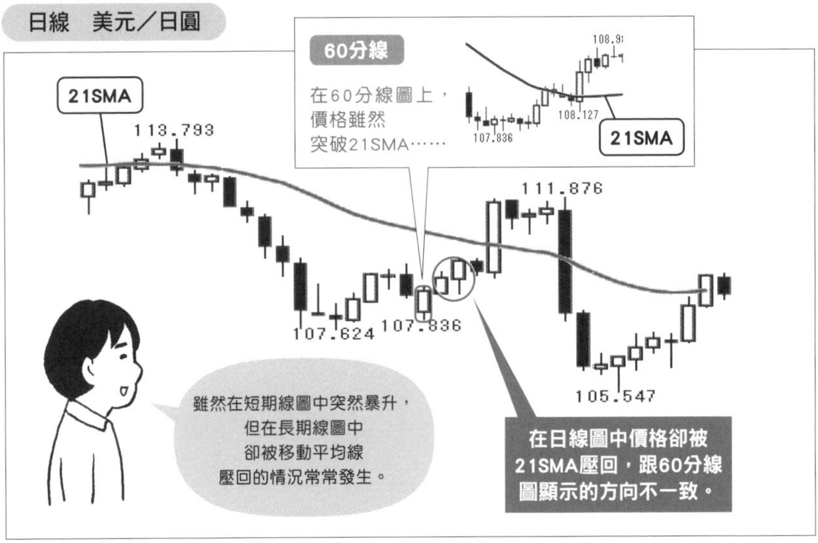
日線　美元／日圓
21SMA
113.793
60分線
在60分線圖上，
價格雖然
突破21SMA……
108.9
108.127
107.836
21SMA
111.876
107.624
107.836
105.547
雖然在短期線圖中突然暴升，
但在長期線圖中
卻被移動平均線
壓回的情況常常發生。
在日線圖中價格卻被
21SMA壓回，跟60分線
圖顯示的方向不一致。

此前我們都只用一種時間軸來判斷趨勢。然而**每個行情的方向和趨勢，其實永遠都存在於另一個更大的行情之中**。

因此除了用自己慣用的時間軸（例如本書使用的是60分線或4小時線）觀察價格的變化外，還必須掌握更大規模的市場整體方向才行（參見上圖）。

在買賣外匯前，別忘了一定要先查閱比自己慣用的時間軸更長期的線圖檢查趨勢，掌握市場較有可能往哪個方向移動。

所以，請一定要先檢查「日線」的方向。

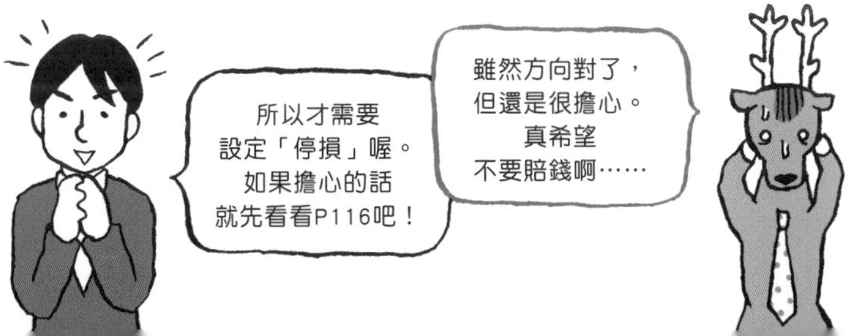
雖然方向對了，
但還是很擔心。
真希望
不要賠錢啊……
所以才需要
設定「停損」喔。
如果擔心的話
就先看看P116吧！

武器應用

5

買賣時機為「21SMA附近」

先了解使用移動平均線法的基本買賣時機。

除了方向性外，投資外匯第二重要的就是買賣的時機，也就是進場時機。買賣外匯時，一旦進入市場持有部位，接下來能做的就只有平倉，看看結果是賠是賺。所以進場時機就是一切。

○等待匯價貼近21SMA

而進場的最佳時機就是21SMA附近。

我們前面說過，若長期趨勢為上升，表示未來的價格將上揚，便可考慮「買進」。此時，我們可以在價格回落到所用線圖的21SMA附近，或是跌破後再次站回21SMA上時進場。以左圖為例，也就是Ⓐ或Ⓒ的位置。不過必須確定價格來到21SMA附近後，沒有繼續下跌才能進場。如果沒有確認跌勢是否停止就下

用移動平均線判斷進場時機

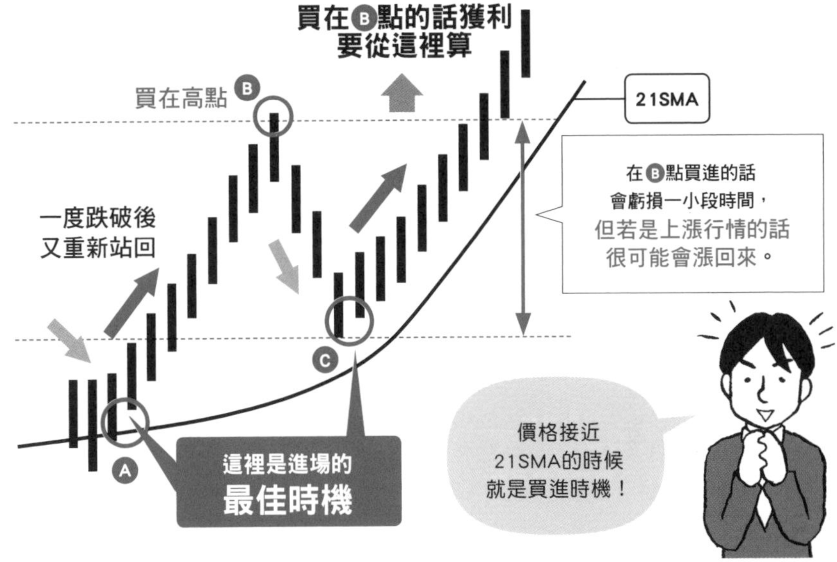
買在B點的話獲利
要從這裡算
買在高點 B
21SMA
在B點買進的話
會虧損一小段時間，
但若是上漲行情的話
很可能會漲回來。
一度跌破後
又重新站回
C
A
這裡是進場的
最佳時機
價格接近
21SMA的時候
就是買進時機！

單，價格有可能會繼續往下跌，非常危險。

例如看看P111的圖，價格在沿著21SMA移動的過程中，好幾次來到21SMA附近。如果選在此時進場，價格便會如圖表所示迅速回漲，開始獲利。雖然本圖用的是60分線圖，但下單前也別忘了先看過更長期的4小時線圖或日線圖，確定趨勢是否上升。

然而，線圖右側最尾端的部分卻不是如此。即使條件都符合，實際情況也不見得會100%按照理論發展，這也是外匯的特徵之一。各位在累積技術和經驗的時候，一定要牢記這點。

再回到P111的圖。萬一先前沒有順利在價格貼近21SMA時買

謝謝！
要上來嗎？

趨勢是投資人的好朋友

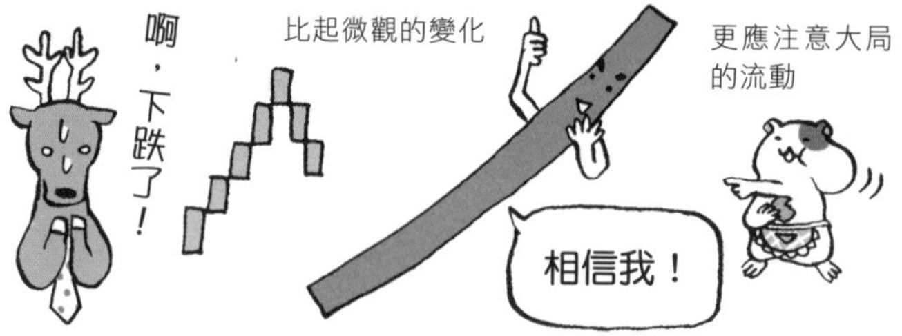
更應注意大局
的流動
相信我！
比起微觀的變化
啊，下跌了！

進，但又認為價格還會漲，結果在上漲途中（左圖的粗箭頭所指位置）買進的話，就會發現價格開始轉跌。換言之就是買在高點。如果不小心買在波的頂點，就只能等價格觸底後重新上漲。而底部的位置通常是在21SMA附近（左圖的Ⓐ～Ⓒ）。

○趨勢一定有終點

即使價格沿著21SMA一路上漲，最後也一定會像Ⓔ的部分一樣迎來終點。趨勢原本就不可能永遠持續，所以若不小心買在趨勢的終點，也只能摸摸鼻子認賠。不可能所有的交易都會成功，一定會遇到賠錢的時候，之所以無法避免，正是因為有這種價格變化的模式存在。

所以，為了預防不知何時會來的趨勢終點，必須事先設好停損單。關於停損的部分，我們會在P116說明。

如果沒有設定停損單，遇到像Ⓔ那種突然轉跌的情況，很容易在下跌的趨勢中買進。然後隨著虧損愈來愈大，就會愈不敢果斷停損，結果賠得更多。很多新手就是這樣被外匯市場淘汰的。

所以為了避免落得這種下場，保住獲利的本錢，一定要事先設好停損。

完美地掌握進場時機，對專家來說也是很困難的事。但只要搭對趨勢，就算

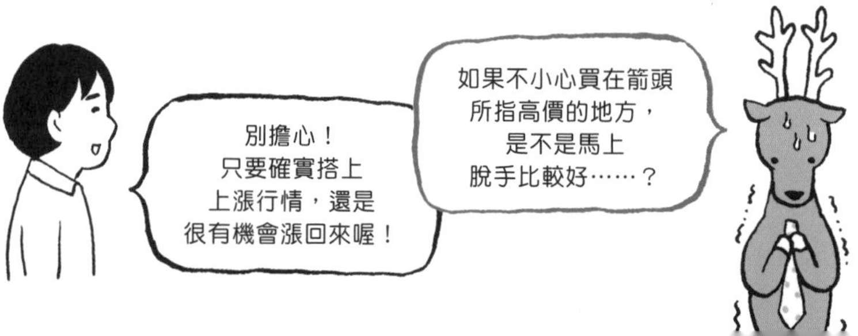
如果不小心買在箭頭
所指高價的地方，
是不是馬上
脫手比較好……？
別擔心！
只要確實搭上
上漲行情，還是
很有機會漲回來喔！

尋找適合的進場時機

美元／日圓　60分線

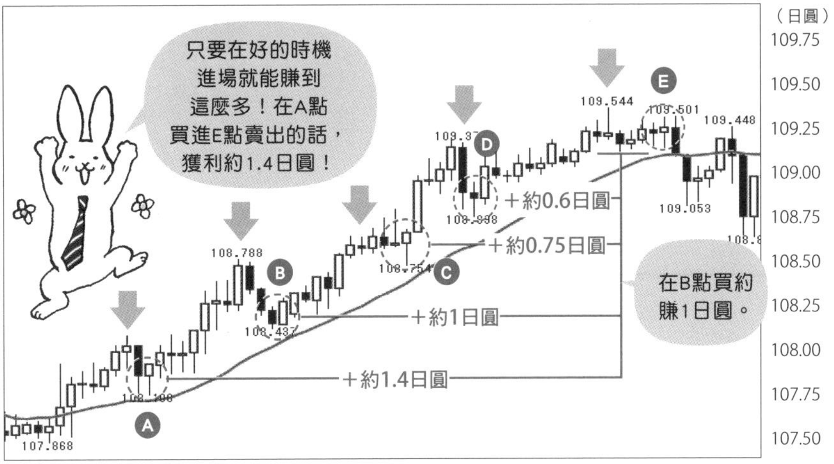

（日圓）
109.75
109.50
109.25
109.00
108.75
108.50
108.25
108.00
107.75
107.50
只要在好的時機進場就能賺到這麼多！在A點買進E點賣出的話，獲利約1.4日圓！
在B點買約賺1日圓。
＋約0.6日圓
＋約0.75日圓
＋約1日圓
＋約1.4日圓
109.544
109.501
109.448
108.788
108.754
108.437
109.053
107.868
A
B
C
D
E

※每1美元

稍微錯過最佳時機，市場也會幫你彌補回來。然而進場時機不佳的話，就算趨勢的判斷正確，也無法馬上開始獲利，**未實現損益**的負債情形也會維持較久。看著未實現損益的負值愈來愈高，任誰都會感到不安，這對心理健康是很不好的。

而在這種煎熬下支撐投資人心靈的，就是過往至今的交易紀錄。

未實現損益
外匯買賣必須要完成平倉後才會真正確定獲利或虧損，故未平倉前只能用時價估算當前的盈虧。未實現損益的表示是以正值和負值來呈現。損益結果可透過帳戶的交易資訊查詢。

武器應用 6

趨勢愈強，獲利機率愈高

用三條移動平均線找出「會賺錢的線形」。

趨勢容易受到時間尺度較大的市場動態影響。所以專業的投資者在操作時會比較不同的時間軸。

然而初學者剛開始就這麼做，很容易把自己搞混。因此本書建議各位固定使用60分線或4小時線圖（參見P104），然後再在自己慣用的時間軸（60分或4小時線）加上更長時間軸的21SMA同時比較。如此一來即使只用一種時間軸的線圖，也能看見更長時間軸的方向性，提高搭上強趨勢的機率。只要觀察「價格是否在多條移動平均線的上方或下方」，就能找出強趨勢。

首先讓我們在60分線圖中，額外加上4小時線和日線的21SMA，同時顯示三條移動平均線。方法很簡單。既然60分線的21SMA是1小時×21條K線組成的21SMA，那麼同樣的道理，4小時線的21SMA就等於4小時×21條，也就

即使說「移動平均線
就是為了找出
這種線形而存在」
也不為過。

60分線的操作範例

英鎊／日圓　60分線

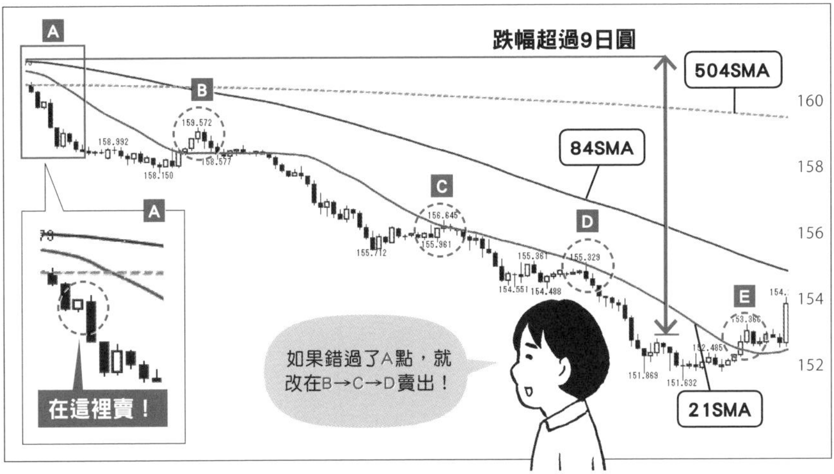
A
跌幅超過9日圓
504SMA
84SMA
21SMA
B
C
D
E
160
158
156
154
152
158.992
158.150
159.572
158.577
156.645
155.961
155.712
155.361
155.329
154.551
154.488
153.366
152.485
151.869
151.632
在這裡賣！
如果錯過了A點，就
改在B→C→D賣出！

是84SMA；而日線的21SMA便是24小時×21條，等於504SMA。

換言之，首先顯示最初用於交易的60分線21SMA，接著再在60分線圖上加上相當於4小時線21SMA的84SMA，以及相當於日線的504SMA。如此一來，只需一張60分線圖，便可看出4小時線21SMA和日線21SMA的位置。

那麼接下來讓我們為上圖的英鎊／日圓的60分線加上4小時線和日線的21SMA，來看看具體的使用方法吧。

在圖表中，可見A處的60分K線皆在三條移動平均線的下方。在三條移動平均線的下方，代表同時低於日線、4小時線、以及60分線的21SMA。而使用60分線圖的最佳賣

出時機，就是「價格在三條移動平均線下」的時候。

前頁圖表中的賣出時機，就是A點「價格跌至三條移動平均線下」的時候。又或者是B、C、D價格暫回21SMA後，又開始下跌的時機。「又開始下跌」的意思，就是價格又重新回到三條平均線之下。

而E是這波趨勢的終點，如果在這裡進場的話會不太順利，但也只能摸摸鼻子認賠。這種時候，認清自己應該「認賠」停損，繼續準備下一次交易，或是不甘心地想要逆勢扳回一城，兩種做法的收益將大不相同。

如果使用的是4小時線圖，在加上21SMA的時候，原理就跟剛剛的60分線圖一樣，想顯示日線的21SMA就用21的6倍（因為24除以4等於6），也就是126SMA表示。這條126SMA，便是日線的21SMA。

左圖中，可見有兩處K線在兩條移動平均線下的部分（A和B），以及一處在兩條平均線上方的部分（C）。這裡的A、B代表價格在日線21SMA和4小時21SMA的下方；C則代表同時在日線與4小時線的上方。換言之，無論長期的日線還是短期的4小時線都顯示了相同的趨勢，故如同前頁「價格同時在三條平均線下」的例子，是獲利機會很高的部分。

只要專挑這種獲利機率高的時候進場，即使是初學者也很容易賺錢。

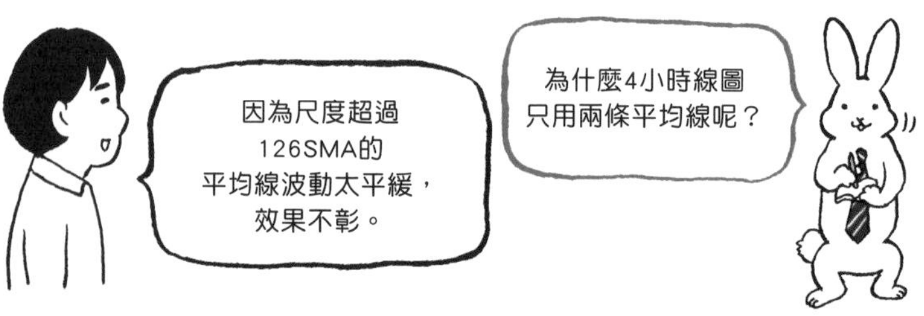
為什麼4小時線圖只用兩條平均線呢？
因為尺度超過126SMA的平均線波動太平緩，效果不彰。

4小時線的操作範例

英鎊／日圓　4小時線

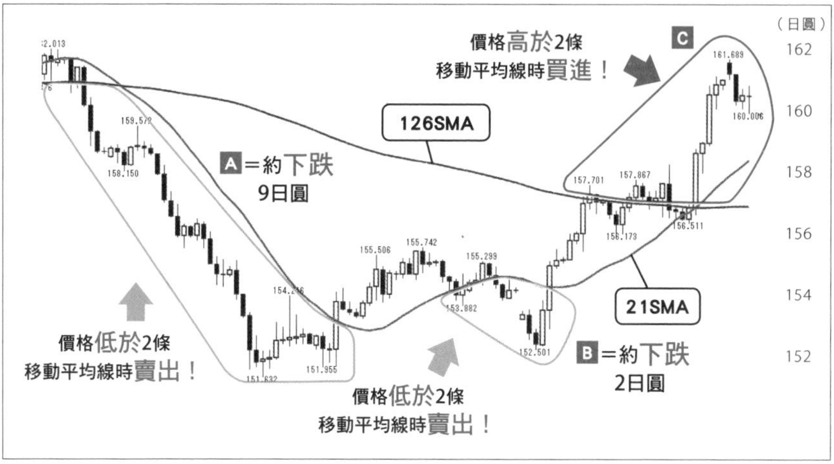
（日圓）
162
160
158
156
154
152
價格高於2條
移動平均線時買進！
C
161.689
160.006
126SMA
A＝約下跌
9日圓
158.150
157.701
157.867
156.173
156.511
155.506
155.742
155.299
153.882
152.501
151.955
21SMA
B＝約下跌
2日圓
價格低於2條
移動平均線時賣出！
價格低於2條
移動平均線時賣出！

另外，如果想在4小時線圖上也畫出三條平均線，只要再加上相當於8小時線21SMA的42SMA，還有相當於12小時線21SMA的63SMA即可。

本書建議
讀者尋找
此類線形！

在進場的同時設定停損單！此為風險管理的基本。

武器應用 7

應該何時進行停損？

一旦開始交易後，一定要馬上設好停損單，以備萬一。

一如前幾節的範例所示，即便確實搭上行情，在成功率高的時機進場，還是有可能踩在行情的尾巴上，不得不進行停損。停損可說是外匯操作的經營成本，也是風險管理不可或缺的一環。

在外匯市場上，唯有懂得管理風險的人會存活下來，才能賺到錢。而風險管理的基本，在於整體資金的風險管理，以及單次交易的風險管理。這點我們在前面的章節介紹過（參見P58）。

而所謂單次交易的風險管理，指的就是停損單的設定。如同我們在P114的範例中提到，若選在E點進場的話就只能「摸摸鼻子認賠」。不小心在趨勢的終點進場，操作結果不如預期，也是很有可能的事。然而最大的問題在於，我們不知道它什麼時候會發生。因此，在進場交易後，一定要立即設定停損單以備不

Stop loss

當市場往不利的方向發展時，為了避免損失擴大，提前了結部位，認賠殺出的意思。中文稱「停損」。

時之需。所謂的停損，正如其名（Stop loss），就是在市場沒有照自己的預想移動時，為了避免損失擴大，提前中止虧損情況的意思。是單次交易的風險管理不可或缺的一部分。

設定停損單對初學者而言並不容易。如果為了降低損失而設得太嚴格，只要價格稍微有點波動就會馬上啟動停損，導致資金減少。而把停損條件設得寬鬆，雖然可以避免一點風吹草動就平倉，但停損時的損失也相對較大，容易一下子失去較多資金。

○把「無法避免的損失」當成交易成本

無法順利進行停損的原因主要有兩種。

第一個是前面提過的沒有抓對行情。第二個則是不曉得該怎麼設置停損值。

首先是第一點，在行情不對的時候，是不可以進場的。通常會誤判趨勢或市場方向，都是因為沒有用三條或兩條移動平均線確認趨勢的緣故（參見P113）。

如果趨勢方向沒有錯，市場卻在進場後突然反轉，那就只能自認倒楣了。畢竟沒有永不結束的趨勢，所以有時就是會發生這種趨勢突然反轉的情況。這次只

反正應該會上漲，乾脆不設停損了！
這種心態會害損失擴大喔！

是你剛好踩在了尾巴上，就把它當成獲利前必須付出的成本吧。

○如何設定停損點

對新手而言真正困難的是停損點的設定。

具體來說，停損點應設定在最靠近進場價格（建倉價）的歷史高點偏上，或低點偏下的位置。也就是俗稱反彈（下跌趨勢一時的上漲，後繼續下跌）或回檔（上漲趨勢一時的下跌，後繼續上漲）的位置。

停損點和進場價（建倉價）的差值愈小，發生停損時的損失也愈低。所以能否在反彈或回檔的位置進場，就顯得格外重要（參見左圖）。

而設定停損單時絕對不能做的，就是回頭更改已經設好的停損點。這麼做的話就失去風險管理的意義，也會害自己邁向滅亡的道路⋯⋯。

了解如何設定適當的停損點後，還要明白某些損失乃是不可避免的。

瞄準回檔的谷底買進
就叫「逢低買進」，
是一種代表性的
交易手法。

如何決定停損點

例：美元／日圓　60分線的交易

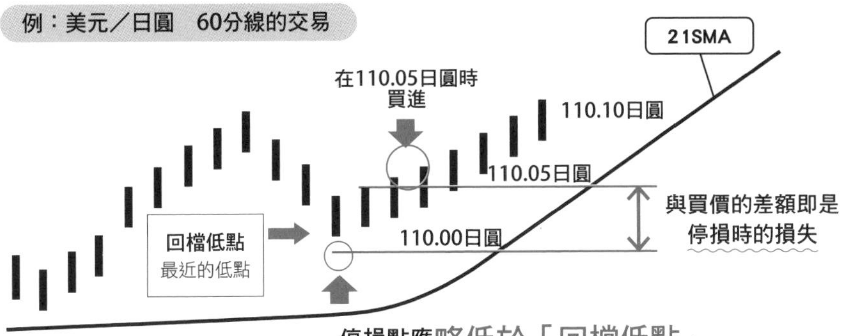
21SMA
在110.05日圓時
買進
110.10日圓
110.05日圓
110.00日圓
回檔低點
最近的低點
與買價的差額即是
停損時的損失

停損點應略低於「回檔低點」
此處的停損單應設在110.00日圓下，
例如109.95日圓或109.98日圓。

就算真的轉跌了，損
失也只有0.05日圓。

用實際的線圖為例……

美元／日圓　60分線

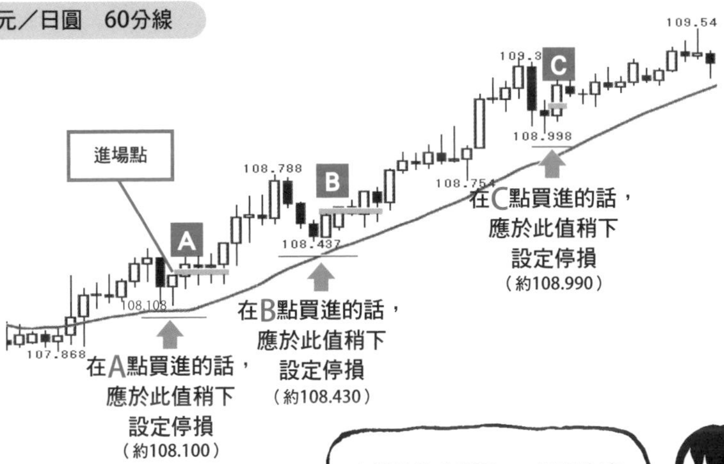
109.54
109.3
C
108.998
進場點
108.788
B
108.754
A
108.437
108.108
107.868
在A點買進的話，
應於此值稍下
設定停損
（約108.100）
在B點買進的話，
應於此值稍下
設定停損
（約108.430）
在C點買進的話，
應於此值稍下
設定停損
（約108.990）

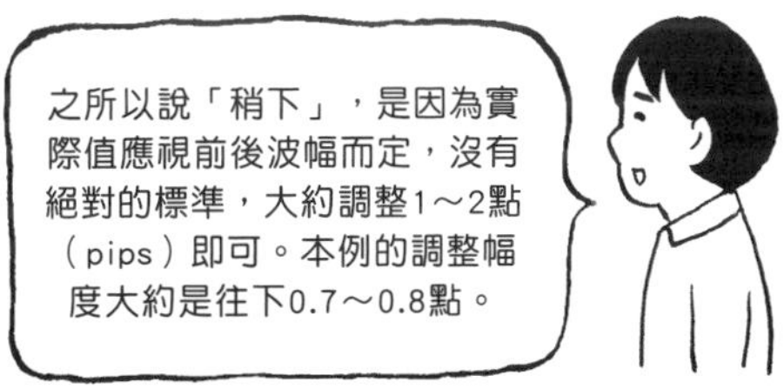
之所以說「稍下」，是因為實
際值應視前後波幅而定，沒有
絕對的標準，大約調整1～2點
（pips）即可。本例的調整幅
度大約是往下0.7～0.8點。

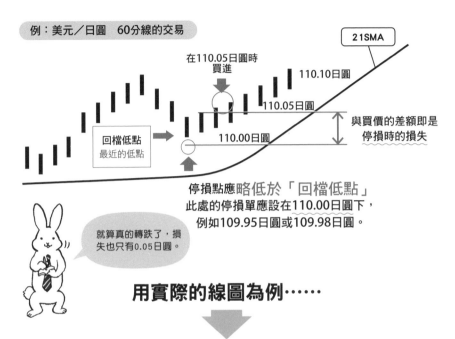

武器應用 8

一旦條件瓦解就獲利了結

交易時最難的就是獲利了結。究竟該怎麼判斷何時退出呢？

外匯投資是由名為「進場」的入口，和「停損」或「獲利了結」的出口（平倉）合成的。至今我們已提過關於進場和設定停損的部分，接下來要來聊聊獲利了結的問題。

進場和停損的時機可以簡單地藉由圖表得知，但獲利了結卻非常困難。就某種層面來說，反正何時獲利了結都不會賠錢，只是賺多賺少的差別，所以無論何時了結其實都無所謂。

因為只要沒有賠錢，資金就不會減少，所以就算以建倉價了結、損益兩平，也頂多等於沒有交易過，對本金不造成任何影響。不過這麼一來也會無法累積利益，所以透過實際的交易經驗尋找屬於自己的獲利了結方法也很重要。

儘管獲利了結不容易，卻還是有個不破的原則。就是一旦進場的條件瓦解，

應該在哪裡獲利了結？

英鎊／日圓　60分線

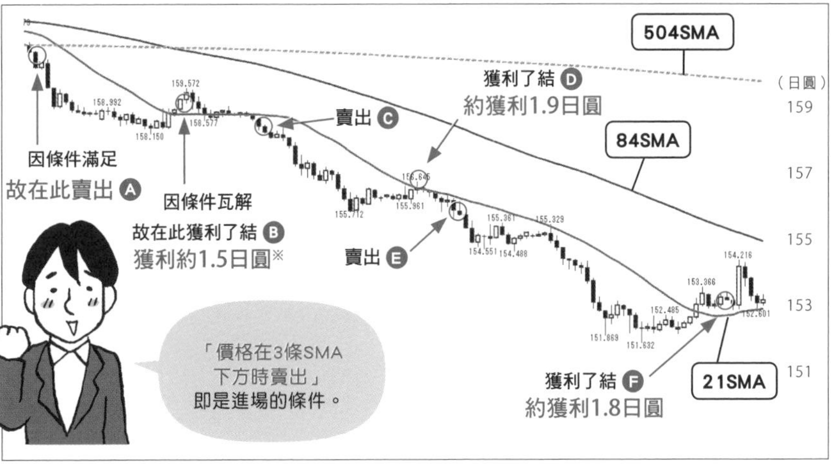
504SMA
84SMA
21SMA
（日圓）
159
157
155
153
151
獲利了結 D
約獲利1.9日圓
賣出 C
因條件滿足
故在此賣出 A
因條件瓦解
故在此獲利了結 B
獲利約1.5日圓※
賣出 E
獲利了結 F
約獲利1.8日圓
「價格在3條SMA
下方時賣出」
即是進場的條件。

※價格為每1英鎊

便是進行了結的時候。

例如用60分線搭配三條移動平均線操作時，進場條件即是K線同時低於或高於三條平均線。好比說上圖的Ａ、Ｃ、Ｅ等三點皆在三條平均線下方，故屬於進場的時機。然而，Ｂ、Ｄ、Ｆ等三點卻在21SMA的上方，脫離了同時在三條平均線下的狀態。

發現此類條件瓦解時，最好進行獲利了結。否則的話，有時可能會像Ｆ點一樣突然反轉。所以，見到條件瓦解時就馬上平倉，才是最安全的做法。

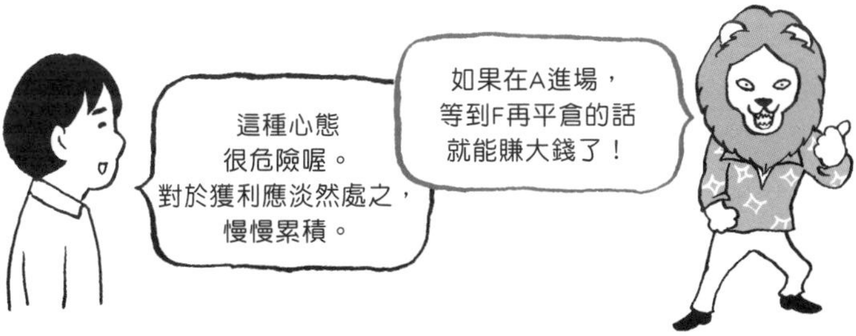
如果在A進場，
等到F再平倉的話
就能賺大錢了！
這種心態
很危險喔。
對於獲利應淡然處之，
慢慢累積。

武器應用 9

使損失為零的方法

愈會賺錢的人腦袋愈靈活，會趁早停損。

前一節我們說過，獲利了結的大原則是「一旦進場條件瓦解就立即了結」。

不過若能運用一些技巧使損失也降到零的話，便有可能追求更大的獲利。

換言之，就是在部位出現一定程度的獲利時，將停損單的價格提高到進場價（建倉價）或仍有些許獲利的值。

如此一來，即使市場突然往反方向移動，因為停損點剛好是建倉價，所以不會出現任何損失。只要不出現虧損，就能在零風險的情況下安心賺錢。即便讓部位留到隔天，賠錢的可能性也是零，所以完全沒有風險。

這麼做的話，即使在前一頁的Ⓐ點或Ⓒ點進場，一口氣鎖定到Ⓕ點之間的利益，也不用擔心會發生任何損失。

將損失控制得愈小……
利益就愈大!!
損
FX

提高停損點將風險控制到零

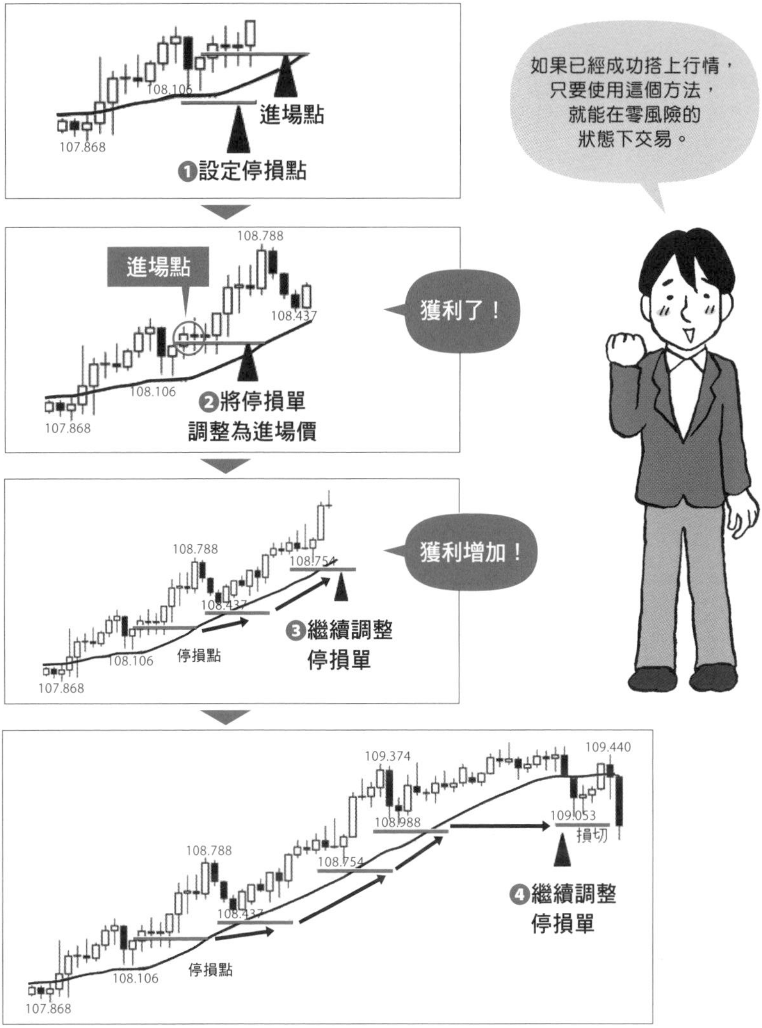

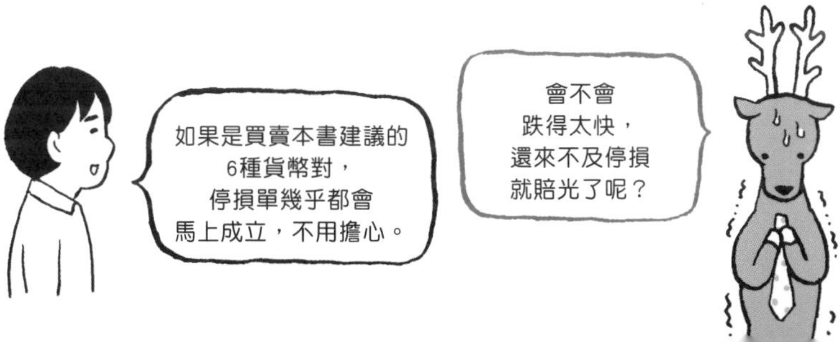

武器應用 10

交易畫面愈簡單愈好

交易畫面上只需要「圖表」、「交易」、「帳務」三種視窗！

至此我們已介紹過移動平均線（21SMA）的使用方法、趨勢的方向、以及進出場的時機。接著要為各位介紹的是具體的下單和平倉方式。

為此，本書將以工具充實、而且可以詳細地設定移動平均線，日本Central Tanshi FX公司的「Quick chart trade plus（QCT+）」的畫面為範例來進行講解。

QCT+用手機和平板也能進行下單。不過對於第一次接觸外匯的人，建議還是使用電腦版。因為對外匯軟體的操作還不熟悉，雖然可能麻煩一點，但看著電腦畫面慢慢思考、慢慢練習下單，對於未來的操作會比較有幫助。

外匯新手用手機或平板
下單很容易發生
意料外的失誤。
請先用電腦學習
操作方式吧！

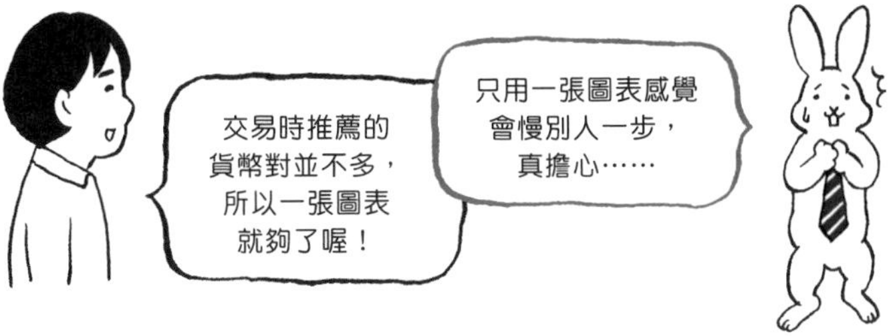
只用一張圖表感覺會慢別人一步，真擔心……
交易時推薦的貨幣對並不多，所以一張圖表就夠了喔！

○圖表一張就夠了

登入QCT+後，左側會顯示兩種圖表，右側則是下單和部位的管理介面。一如我在前面的章節所說，初學者應盡量用簡單的方式接觸外匯。所以首先讓我們來重新調整視窗。

此軟體的預設介面會顯示兩種圖表，但我們不需要用到兩種圖表，因為這只會搞混自己。請關閉其中一張圖表，只留下一張即可。

慣於買賣外匯的人常常會比較好幾張不同的圖表。我自己平常操作時也會同時比較15種貨幣對；但剛入門的時候，簡單才是最好的。

接著要選擇圖表的時間軸。本書介紹的範例皆是使用60分線或4小時線。初學者應盡量避免混亂，先理解簡單的部分後，再慢慢接觸複雜的方法。有的人可能會覺得同時顯示好幾種視窗才有「我正在買賣外匯」的感覺，或是認為這樣比較帥。但我們不是要做給任何人看，不需要耍帥。應該以能夠避免虧損、提高獲利為優先。

登入後的畫面

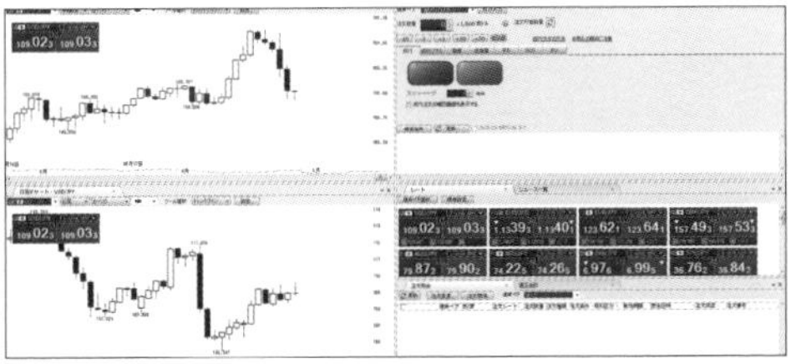

然後是畫面的右側，中段的[匯率]和[新聞]目前也不需要。因為匯率一覽是用來同時觀察各種貨幣的動態，剛起步時並不需要。還是先減少會令自己眼花的資訊比較好。在剛開始玩外匯的人眼中，匯率的數字只是單純的記號，只會造成混亂。而新聞功能則是投資人用來了解市場的各種動態。在不懂基本分析（參見第6章）的情況下，就算閱讀那些新聞，也只會讓自己頭昏腦脹而已。這些要素應盡量排除。

設定好上述部分後，再來把下半部的[**交易詳細**]和[**部位合計**]拉上來放大。這裡我們只留下管理交易單所需的視窗。如果不確實掌握自己下了什麼單，持有哪些部位，就無法進行風險管理。

上半部的[Quick Order Window]是實際下單時使用的欄位。當然這也是不可少的視窗。設定好後，我們就能專心在下單用的[Quick Order Window]，以及顯示交易狀態的[交易詳細]和[部位合計]上，正式開始交易了。

交易詳細
已送出之交易單的詳細資訊。包含下單種類、交易的貨幣對、買賣數量，以及交易單狀態都能一目瞭然。

部位合計
已交易但尚未平倉之部位的未實現損益。可在此確認交易使用的金額總計。

設定交易畫面！

原始畫面

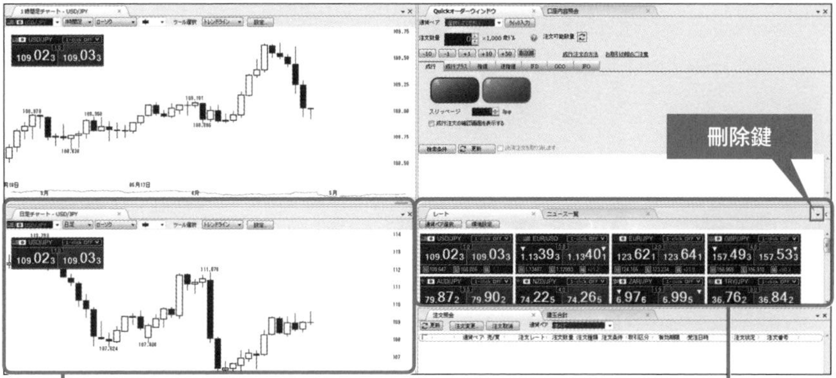
刪除鍵

圖表只要一張就夠了。
點選右上角的×，
關閉這個視窗吧！

新聞視窗也關起來。
將上方的
「Quick Order Window」
下拉放大。

調整後的畫面

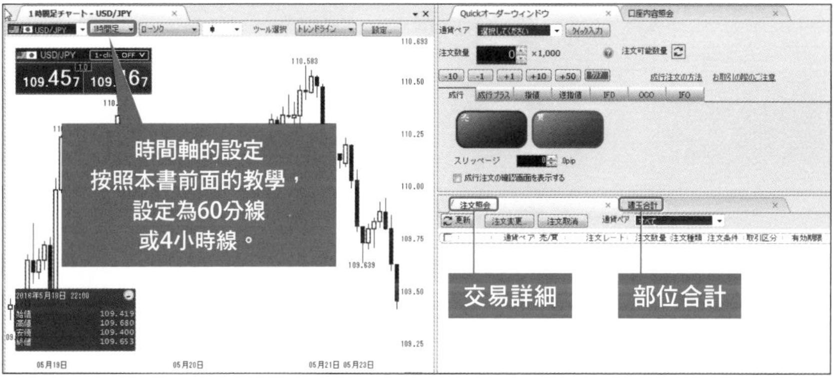
1時間足チャート - USD/JPY
Quickオーダーウィンドウ
時間軸的設定
按照本書前面的教學，
設定為60分線
或4小時線。
交易詳細
部位合計

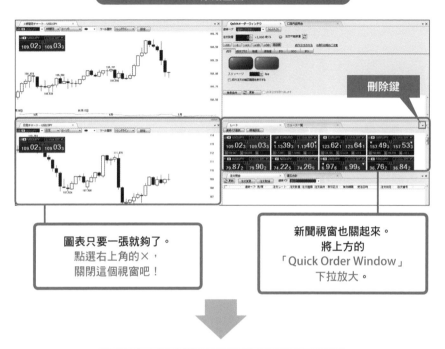

武器應用 11

設定移動平均線

本節將教導各位活用「3條移動平均線」的方法。

接下來要在圖表上顯示移動平均線。這是各位闖蕩外匯市場的第一件武器。

在QCT+中，點選[工具]欄位的[K線圖設定]，然後選取[60分線圖]，即可調整要顯示在圖表上的技術工具和數值設定。這裡請點出三條移動平均線，分別將時間長度設置為21、84、504（參見左圖）。如果畫面中除了這條單純移動平均線以外還有顯示其他資訊，請將其關閉。跟前面一樣，圖表的內容也是盡量保持簡單比較不容易出錯。

設定好後，線圖上應該會出現三條移動平均線（如右上圖）。

如此一來，便能用前面介紹過的方法，透過60分線圖來判斷貨幣對的價格走向，以及進場時機。而若使用4小時線圖的話，則留下兩條或三條移動平均線，

如果不關閉
對判斷無用的資訊，
下單時
就會擾亂自己。

在圖表中顯示移動平均線

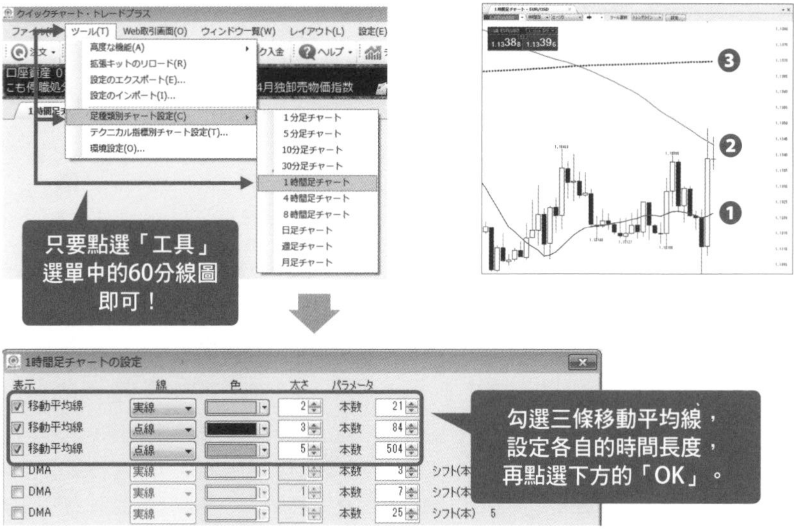
只要點選「工具」選單中的60分線圖即可！
勾選三條移動平均線，設定各自的時間長度，再點選下方的「OK」。

第一條是21SMA，第二條則是日線的SMA，換算成4小時線便是六倍的126SMA。只要設定好最重要的日線21SMA，第三條用代表週線21SMA的630SMA，或是P115所用的8小時線或12小時線皆無所謂。

這樣交易的準備就完成了。再來只要按前面說明過的，觀察圖表等待時機，然後用右側的[Quick Order Window]下單，便可開始交易。

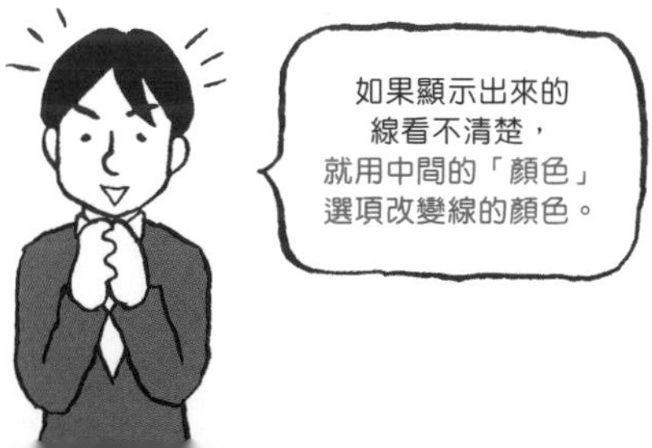
如果顯示出來的線看不清楚，就用中間的「顏色」選項改變線的顏色。

第一個要看的是
「504SMA」。
價格在下方的話就「賣出」，
在上方的話則「買進」。
做好進場的準備。

○在價格移動至3條移動平均線上方或下方前等待機會

左頁的圖表為歐元／美元某日的60分線圖。最上方為代表日線21SMA的504SMA。由於價格的波動是在日線平均線之下，故波動的方向是向下。所以我們要尋找的是賣出的時機，不考慮買進。

其下則是代表4小時線21SMA的84SMA，再下面還有60分線的21SMA。圖中的K線一直在21SMA上下游走，無法確定60分線的方向性。然而，因為價格在代表日線的504SMA和代表4小時線的84SMA下方，故往下的可能性很強。

一旦K線跌至圖中的三條移動平均線下方，代表日線、4小時線、60分線這三種尺度的趨勢皆向下走，故未來下跌的可能性很高。直到目標的線形出現前，應該至少每小時確認一次線圖，等待賣出的時機。

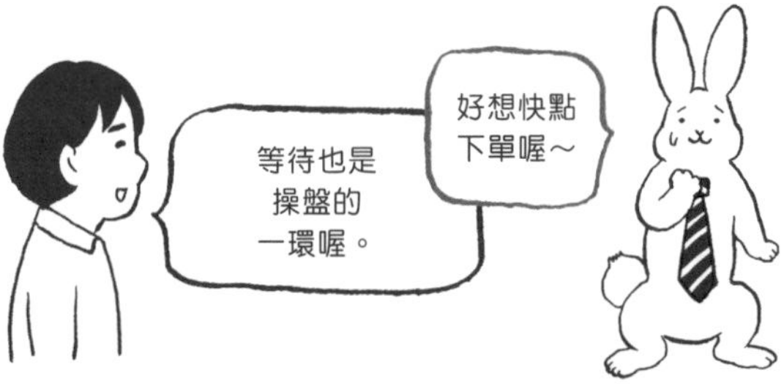
好想快點
下單喔～
等待也是
操盤的
一環喔。

用三條移動平均線判斷方向

歐元／美元　60分線

這個畫面
包含了很多
移動平均線的基本。

❶504SMA在K線上面，可判斷出大方向的趨勢向下。

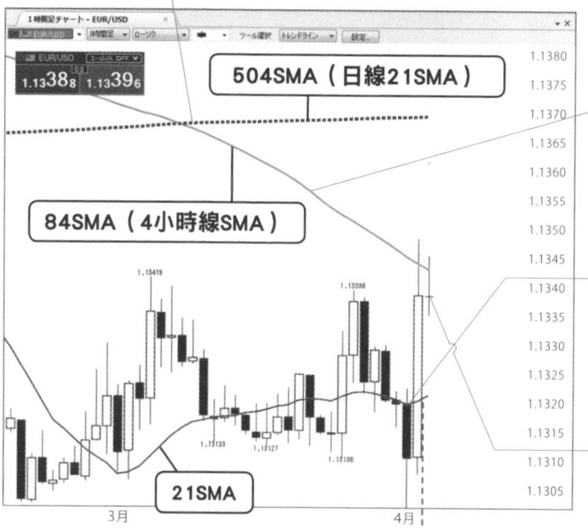
504SMA（日線21SMA）
84SMA（4小時線SMA）
21SMA
3月
4月

❷K線在84SMA的下方，故趨勢向下，代表往下走的可能性很強。

❸K線在21SMA附近遊走，方向性不明顯。

❹由於大方向向下，故K線跌破21SMA時即是賣出時機。

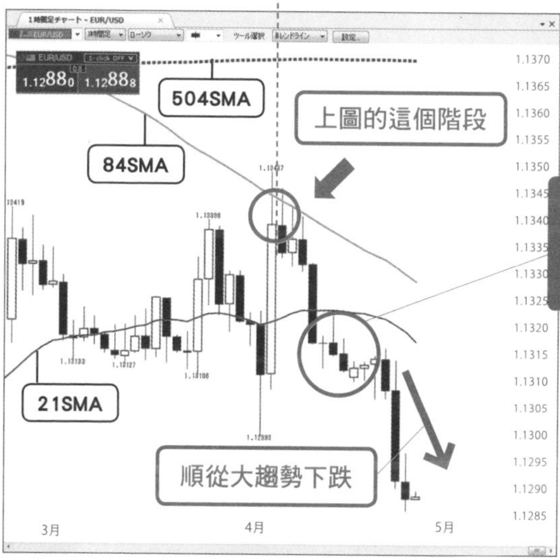
504SMA
上圖的這個階段
84SMA
21SMA
順從大趨勢下跌
3月
4月
5月

❺此後價格跌破21SMA，就是進場賣出的時機。

武器應用 12

尋找出現訊號的貨幣對

使用移動平均線尋找有交易機會的貨幣對。

設定好圖表後，接著要尋找哪種貨幣對有機會交易。這裡同樣點開60分線圖。然後尋找哪種貨幣對的價格同時在三條移動平均線的上方或下方，或是只差一點就會形成趨勢的貨幣對。只要像左圖一樣預測未來的動向，便可更容易找出交易的時機。**尋找這種線形，是剛入門的新手最大的工作，也是獲利的捷徑。**

左圖為某日美元／日圓的60分線。由於K線在三條移動平均線之上，故繼續上漲的可能性很大，應下買單。停損點則設在靠近504SMA最近一波的低點略下。不過，因為前面已經漲過一波了，所以也要留意壓回的可能性。

只要設定好P116介紹的停損單，即使價格再怎麼跌也不用擔心。

尋找正值買點、賣點的貨幣對

美元／日圓　60分線

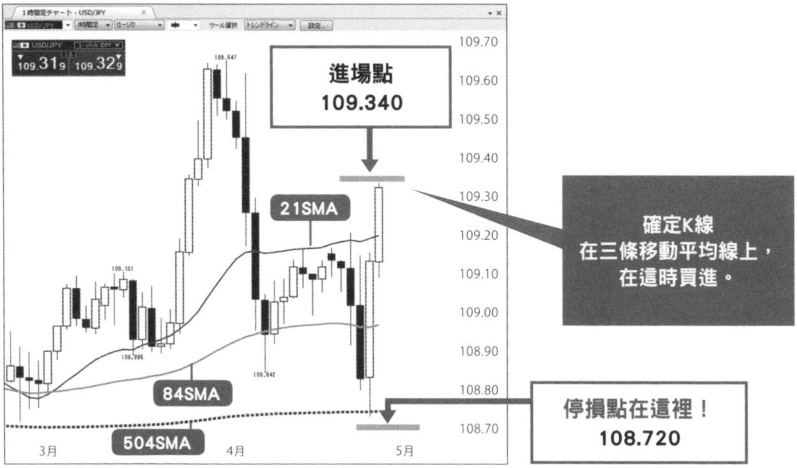
USD/JPY
109.319
109.329
進場點
109.340
確定K線
在三條移動平均線上，
在這時買進。
停損點在這裡！
108.720
21SMA
84SMA
504SMA
109.70
109.60
109.50
109.40
109.30
109.20
109.10
109.00
108.90
108.80
108.70
3月
4月
5月

○限定交易的貨幣對

本例使用的QCT+已預先提供了26種貨幣對，但要把它們全都看過，對初學者而言是很辛苦的作業，也容易造成混亂或失誤。

因此，一開始將主要的貨幣對縮限在6種內也是不錯的方法。

組合美元、日圓、歐元、英鎊等四種主要的通貨，就能得到美元／日圓、歐元／日圓、英鎊／日圓、歐元／美元、英鎊／美元、歐元／英鎊等6種貨幣對。這6種貨幣對在市場上的流通性很好，可以放心地交易。所以一開始請先縮小交易對象的範圍，化繁為簡吧！

武器應用 13

實際上該怎麼下單？

下單種類也只需要使用「市價單」和「停損單」兩種。

前面我們介紹了貨幣對的選擇方法。接下來要談的則是具體的下單步驟。

ＱＣＴ＋的下單必須透過[Quick Order Window]。方法是在電腦打開ＱＣＴ＋，然後參見左側的圖表，用右側的視窗進行交易和帳戶管理等事務性的操作。在圖表上找到進場的機會後，還必須送出買賣單建立部位。然而，在熟悉下單的順序前，請先照著本書的指示一步一步操作。

○下單時只使用「市價單」和「停損單」

外匯的委託單有很多種類，ＱＣＴ＋也分成[市價單（成行※）]、[市價單＋（成行＋）]、[限價單（指值）]、[停損單（逆指值）]、[ＩＦＤ]、[ＯＣＯ]、[ＩＦＯ]等

※括號內的日文為方便比照Ｐ１３６圖片特別標註。

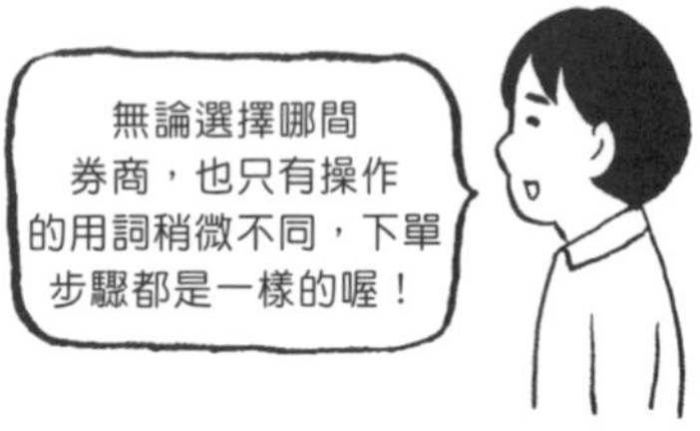
無論選擇哪間券商，也只有操作的用詞稍微不同，下單步驟都是一樣的喔！

市價委託單和停損委託單的重點

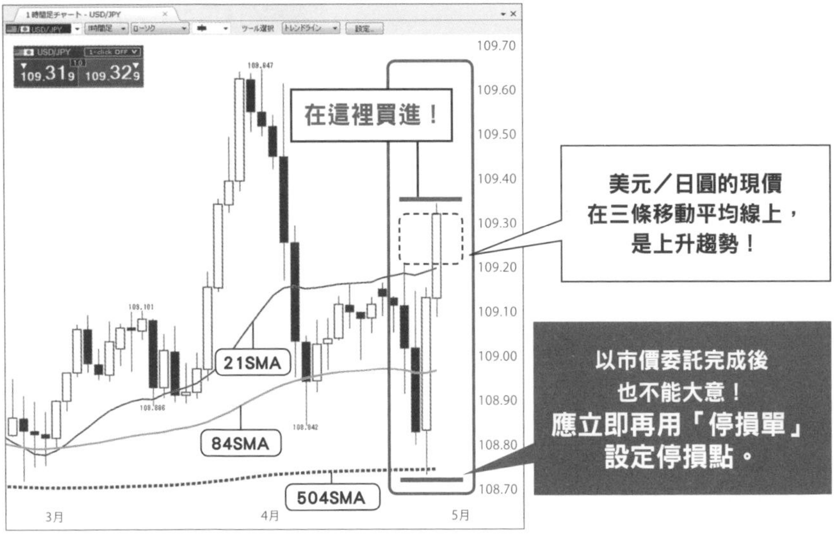
1時間足チャート - USD/JPY
USD/JPY
109.319 109.329
109.647
109.101
108.886
108.842
在這裡買進！
美元／日圓的現價
在三條移動平均線上，
是上升趨勢！
以市價委託完成後
也不能大意！
應立即再用「停損單」
設定停損點。
21SMA
84SMA
504SMA
109.70
109.60
109.50
109.40
109.30
109.20
109.10
109.00
108.90
108.80
108.70
3月
4月
5月

不同下單方法。然而，本書的目的是希望各位藉由實際操作的過程了解外匯在做什麼，故盡量保持簡單，只使用[市價單]和[停損單]做交易。其他的下單方法雖然對已經有交易策略的人很方便，但對剛入門的新手來說只會造成混亂。

如果不小心下錯單的話，請參見P47的模擬交易，點選一次平倉。

所謂的「市價單」就是直接以目前市場的價格買進或賣出。也就是看著圖表進行即時的買賣。

看過上方的60分線圖後，便可發現美元／日圓的價格位在三條移動平均線上方。如同我們前面所說的，這代表趨勢是上升的，故我們用市價買

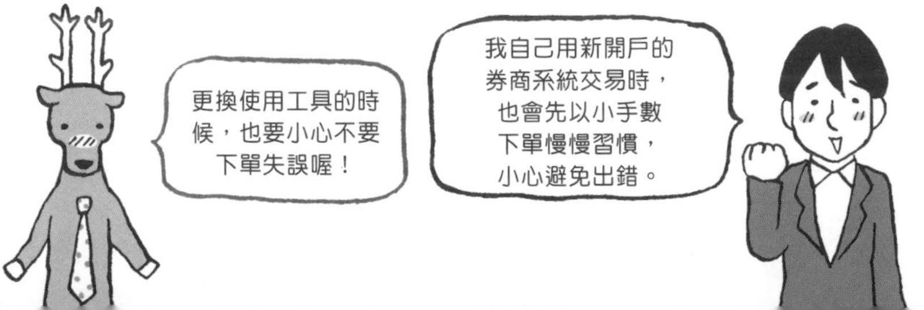
更換使用工具的時候，也要小心不要下單失誤喔！
我自己用新開戶的券商系統交易時，也會先以小手數下單慢慢習慣，小心避免出錯。

該怎麼下單？

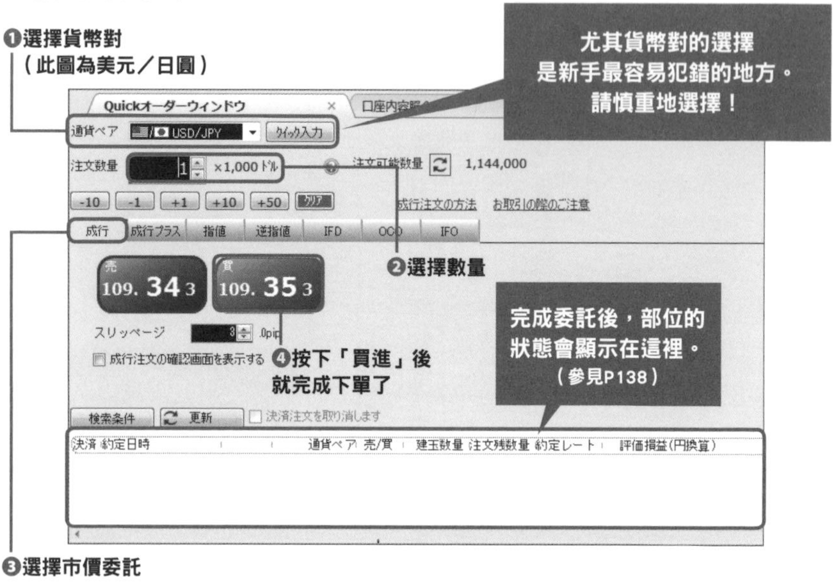
❶選擇貨幣對
（此圖為美元／日圓）
尤其貨幣對的選擇
是新手最容易犯錯的地方。
請慎重地選擇！
Quickオーダーウィンドウ
口座内容
通貨ペア
USD/JPY
クイック入力
注文数量
×1,000ドル
注文可能数量
1,144,000
-10
-1
+1
+10
+50
クリア
成行注文の方法
お取引の際のご注意
成行
成行プラス
指値
逆指値
IFD
OCO
IFO
❷選擇數量
売
109. 34 3
買
109. 35 3
スリッページ
成行注文の確認画面を表示する
❹按下「買進」後
就完成下單了
完成委託後，部位的
狀態會顯示在這裡。
（參見P138）
検索条件
更新
決済注文を取り消します
決済 約定日時
通貨ペア 売/買 建玉数量 注文残数量 約定レート 評価損益(円換算)
❸選擇市價委託

進（下單畫面請見上圖）。

① 首先檢查貨幣對的欄位是否為「USD／JPY」。如果圖表的貨幣對和掛單的貨幣對不一樣，會發生很悲慘的結果，請務必仔細確認。

② 本書建議各位選擇最小的手數（lot）。QCT+最小的買賣單位是1000單位，故此處選擇「1」（1手）。

③ 委託單種類的標籤部分則選擇「市價委託」。

④ 下方的買價和賣價處點選「買進」。這麼一來，就完成了美元／日圓的買單委託。

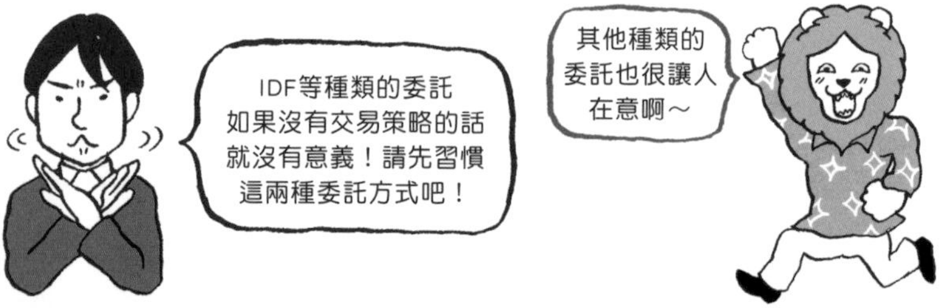
IDF等種類的委託
如果沒有交易策略的話
就沒有意義！請先習慣
這兩種委託方式吧！
其他種類的
委託也很讓人
在意啊～

一定要設停損單①（風險管理）

確認圖表上最近一次的低點⋯⋯

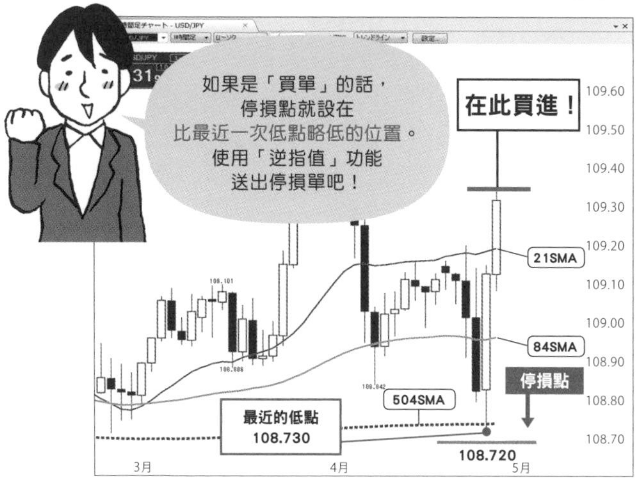
如果是「買單」的話，
停損點就設在
比最近一次低點略低的位置。
使用「逆指值」功能
送出停損單吧！
在此買進！
21SMA
84SMA
504SMA
停損點
最近的低點
108.730
108.720
109.60
109.50
109.40
109.30
109.20
109.10
109.00
108.90
108.80
108.70
3月
4月
5月

○馬上設定停損單

外匯最重要的是風險管理。因此，為了避免市場朝預期以外的方向移動，下單後一定要再送出停損的委託單。這時我們就要用到畫面上停損單的功能。

日文的「逆指值」是指定價格的限價單（指值）的一種，也就是停損單，是專門用於市場價格對自己不利時的委託單。當價格的移動方向對自己的賣單或買單有利時，便使用指值單（限價單）進行獲利了結；而當目前匯率對自己造成損失時則使用停損單停損。

因為現在是要設定停損單，故指定的價格會低於先前的買單，所以稱為逆指值。

一定要設停損單②（風險管理）

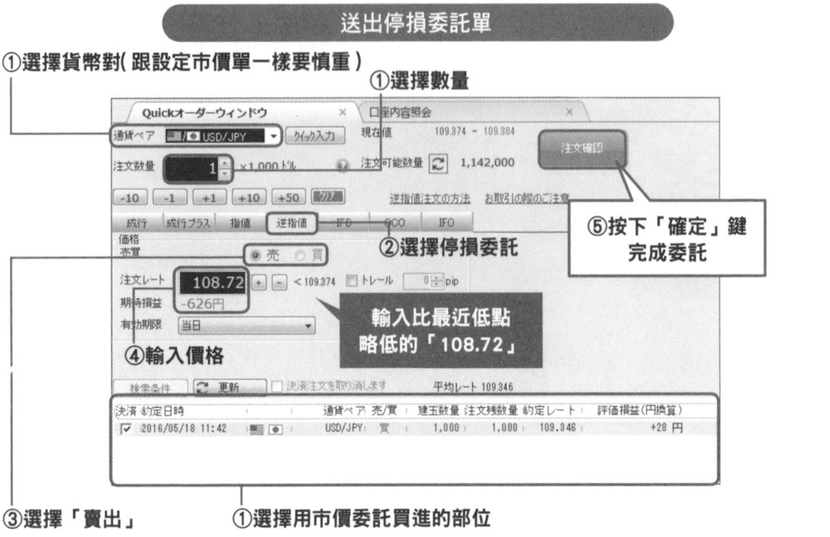

①首先點擊滑鼠，選取要設定停損的部位。因為是另外再掛一張委託單，所以記得要檢查貨幣對種類和數量有無一致。

②然後將委託單種類從［市價委託］改為［停損單（逆指值）］。

③選擇停損單的買賣種類。剛剛是買進美元／日圓，而停損單應為反向交易，故選擇［賣出］。

④輸入停損單要在價格多少時執行。P118說過，停損點應為「略低於最近一次低點」。而圖表上最近的一次低點為108.730，故這裡將停損值設為略低於此值的108.720。

⑤最後點選確定，看見確認畫面後，點擊送出鍵送出委託。這樣子停損單（賣單）就設置完成了。由於這

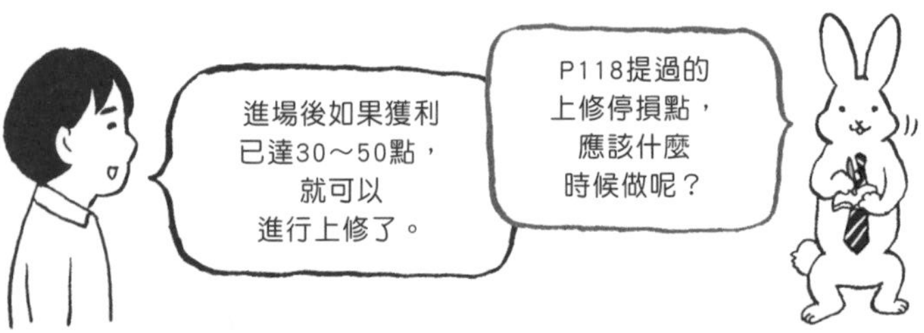

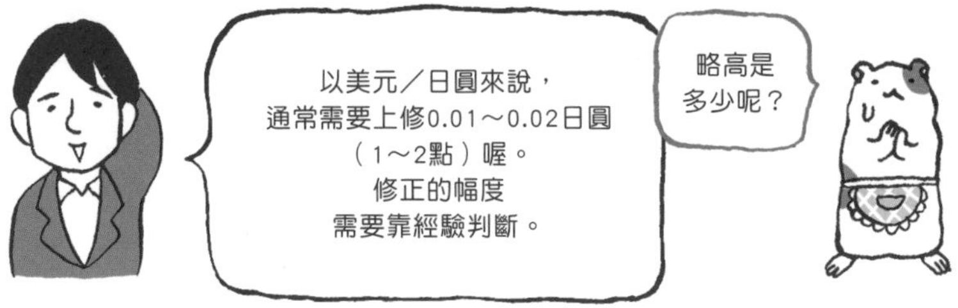
略高是多少呢？
以美元／日圓來說，通常需要上修0.01～0.02日圓（1～2點）喔。修正的幅度需要靠經驗判斷。

筆委託尚未執行，所以會記錄在[交易詳細]的欄位。

設置停損的時候如果發現「弄錯了！」的話，就快點平倉結束交易吧。粗心選錯貨幣對的情況也不少見。這種時候不要猶豫，當機立斷進行反向交易（平倉）是非常重要的。

使用QCT+的話，可以直接在部位合計的欄位選擇要平倉的部位，直接點擊[一次平倉]。

而如果市場像下一頁的圖表，一如預期地往上升，部位開始獲利時，為了避免之後意外虧損，可下單更改停損單的目標價格。只要將停損值設定在比建倉價（進場價格）稍高的位置，無論之後市場發生什麼事都不會出現損失。只需專心追逐利益就行了（參見P122）。

在QCT+畫面右下方的[交易詳細]欄位，可檢視尚未執行的最初設定的停損單（參見P141）。接著勾選該委託，點擊[變更委託]。

點擊後，畫面中央應該會彈出新的視窗，可以在此更改數值。因為先前的建倉價格為109．346，故這裡我們設定成109．350。這麼一來無論市場發生多麼劇烈的變動，都至少還有0．4點（pips）的獲利，不會產生虧損。

不過，如果忘了把有效期設為無限，委託單就只有當天有效，請務必小心。

下單畫面上包含很多種金額。
現價＝當前的匯率
預期損益＝以停損價格平倉時的損益
未實現損益＝持有部位目前的損益

調整停損值的時機

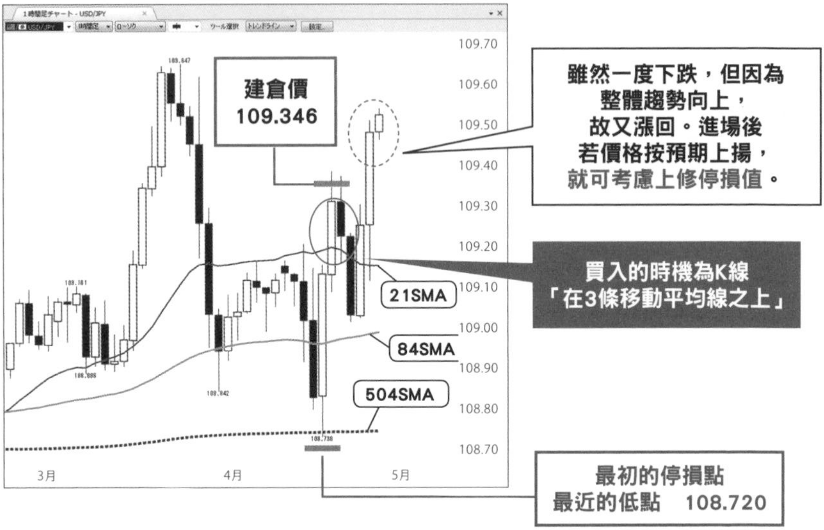
109.70
109.60
109.50
109.40
109.30
109.20
109.10
109.00
108.90
108.80
108.70
建倉價
109.346
雖然一度下跌，但因為
整體趨勢向上，
故又漲回。進場後
若價格按預期上揚，
就可考慮上修停損值。
21SMA
84SMA
504SMA
買入的時機為K線
「在3條移動平均線之上」
3月
4月
5月
最初的停損點
最近的低點　108.720

此外，因為交易時我們需要的是最新的匯率價格，所以要記得點擊[刷新]按鈕。

一般人投資外匯時很容易只想到如何追求利益，但操作外匯的重點其實是減少虧損。所以操作時請跟隨趨勢，並尋找最佳的進場時機。

而建立部位後，比起獲利了結，更要記得不斷上調停損的基準，在趨勢反轉前盡可能增加獲利。

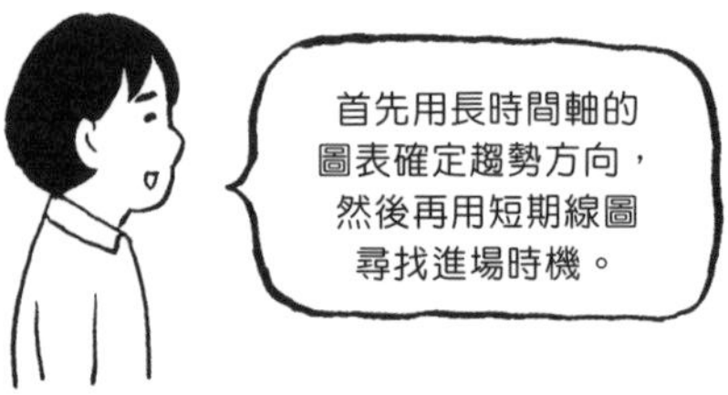
首先用長時間軸的
圖表確定趨勢方向，
然後再用短期線圖
尋找進場時機。

如何修改停損單？

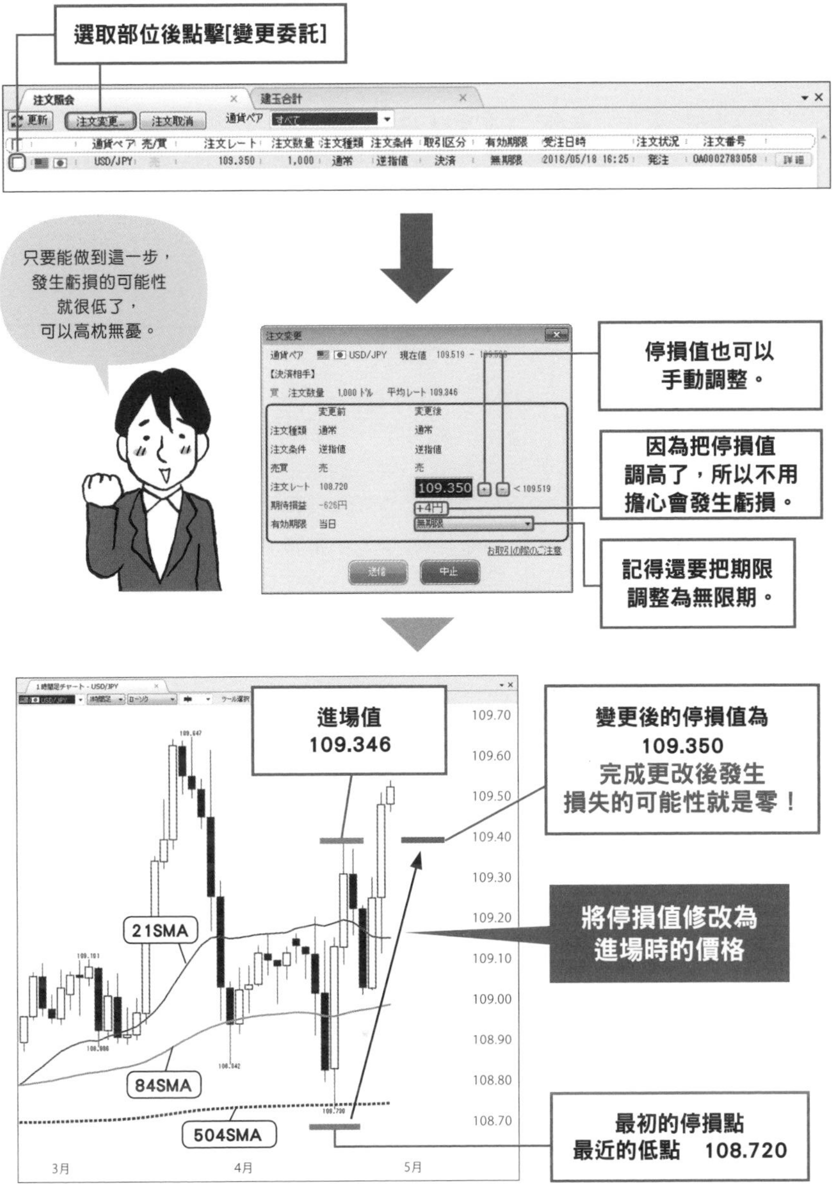
選取部位後點擊[變更委託]
只要能做到這一步，
發生虧損的可能性
就很低了，
可以高枕無憂。
停損值也可以
手動調整。
因為把停損值
調高了，所以不用
擔心會發生虧損。
記得還要把期限
調整為無限期。
進場值
109.346
變更後的停損值為
109.350
完成更改後發生
損失的可能性就是零！
將停損值修改為
進場時的價格
最初的停損點
最近的低點　108.720
21SMA
84SMA
504SMA
3月
4月
5月

這裡也是重點！外匯用語 2

睡覺時也能停損？Overnight（隔夜交易）

波段交易法必須將部位（持倉）留存好幾天。這種時候最令人放不下心的，就是如果部位在睡覺時被停損了怎麼辦？

這種會保留到隔天，或跨越一個週末的交易，就叫做「隔夜」或「跨週」。尤其跨週交易就連專家有時也會感到不安喔。

那麼如果部位必須隔夜，甚至跨週的時候該怎麼辦呢？直接從結論來說：就是不怎麼辦。

不僅是睡覺，包含上班和通勤的時候，我們本來就不可能24小時緊守著市場。

日本時間23點過後才是重頭戲的開始

在我還是新手的時候也曾很擔心這點。連在睡夢中也念念不忘，甚至真的隔天早上起來發現部位被自動停損過。所以我也曾有段時間堅持不隔夜交易，一定在睡前平倉；或是只要到了深夜，即使有進場機會也絕不下單。

後來我之所以會改變，全是因為學會了本書介紹的跟隨大趨勢的交易法。只要抓住市場的大趨勢，就不會那麼容易被自動停損。交易紀錄也印證了這點。

考慮隔天還要上班，兼職的投資人通常過了晚上11點就會上床了。但日本時間23點過後才是美國市場開始活動的時間。負責決定美國金融政策的FOMC和FRB主席的發言也常常是在深夜。這種時候當然還是避免進場交易，並將已獲利部位的停損點調整至建倉價比較安全。然而，如果沒有這類事件，通常獲利都會累積至隔天。所以說搭上市場的大趨勢，以及抓對進場的時機，就是外匯的一切。

只要搭上
大的趨勢
就不用擔心。

第 6 章

基本分析

了解外匯波動的原因

操作外匯絕對不能沒有國際觀。日本只不過是世界196個主權國家之一。海外其他國家在想什麼，以及市場其他投資人會如何行動，這些都對外匯非常重要。不能只從日本去看世界，還要從世界的角度觀察日本，才能通往成功的道路。

基本分析 1

有助於長久經營的經濟基本面知識

會對外匯價格產生巨大影響的基本面，也是長期經營不可或缺的！

至此我們已介紹了兩種市場分析方法（參見P76）中的技術分析法，並詳盡地說明了如何使用移動平均線。

然而，從長遠的眼光來看，外幣市場其實深受各國政策和經濟情勢等基本面的影響。

基本面（Fundamental）常被翻譯成「經濟的基礎條件」的意思，我也無法用一句話就解釋清楚。經濟也就是人民的生活，所以影響經濟的基礎條件有哪些，基本面的涵義有多廣，並沒有明確的答案。

換句話說，技術分析以外的部分，全部都受到基本面的影響。

因此，即使是以技術分析為主要外匯操作工具的人，如果想在這世界長久經營下去，就不能完全無視基本面。

基本面和技術面
是外匯分析的
兩大支柱。

解讀市場的2種方法

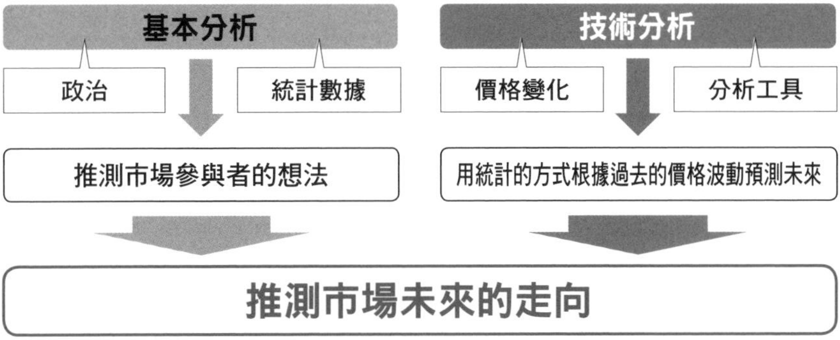
基本分析
政治
統計數據
推測市場參與者的想法
技術分析
價格變化
分析工具
用統計的方式根據過去的價格波動預測未來
推測市場未來的走向

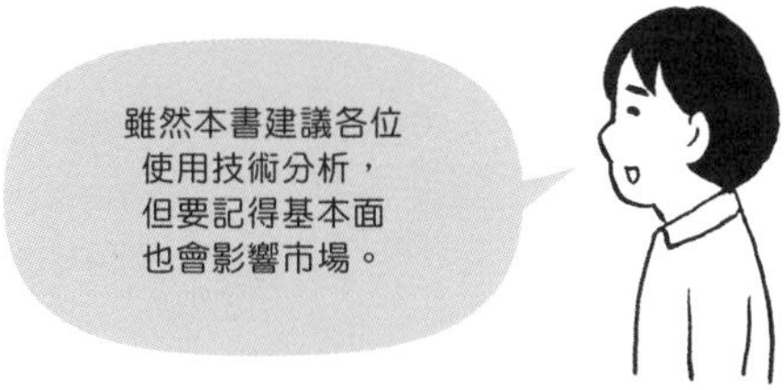
雖然本書建議各位
使用技術分析，
但要記得基本面
也會影響市場。

○預測未來的變化

作為一種投機交易，外匯市場的變動比實際的經濟——比實體經濟先一步反應世界的變化。當投資人觀察基本面的因子，預測「應該會這樣改變」時，外匯市場就開始變動了。

如果沒有事先理解外匯是一種投機性買賣，明白自己觀察的是市場還是現實的經濟，就會因為兩者的時間差和誤解而虧損。

在外匯市場上，擁有這種複眼是很重要的。

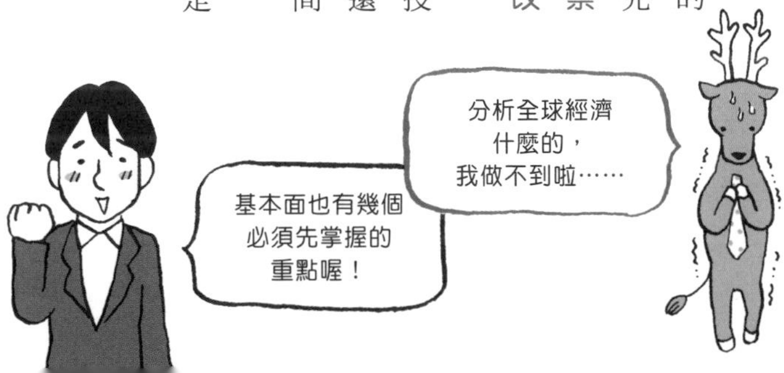
分析全球經濟
什麼的，
我做不到啦……
基本面也有幾個
必須先掌握的
重點喔！

基本分析 2

應該觀察哪些指標？

比起自己隨便亂看，留意市場注目的指標比較重要。

所謂的基本分析，簡單說就是一種聯想遊戲。透過聯想經濟指標和各種社會大事，推測未來政府可能會採取何種金融政策和經濟對策，在實體經濟出現變化前預先布局。尤其外匯的基本面為央行的金融政策，而金融政策的制定依據的便是日常的經濟指標。

因此，那些被認為是央行研擬政策時主要依據的經濟指標，光是公布數據就會大幅影響外匯市場價格。最終央行的金融政策會如何制定，政府會否出現大幅的政策轉向，都是市場注目的焦點。

如果與現行金融政策無關，即使是每天都會公布的經濟指標，也不會在市場濺起波瀾。因為關注該指標的投資者很少，所以對未來的金融政策也沒有什麼影響力。

基本分析絕不可錯過的兩種指標便是「金融政策」和「經濟數據公布」。

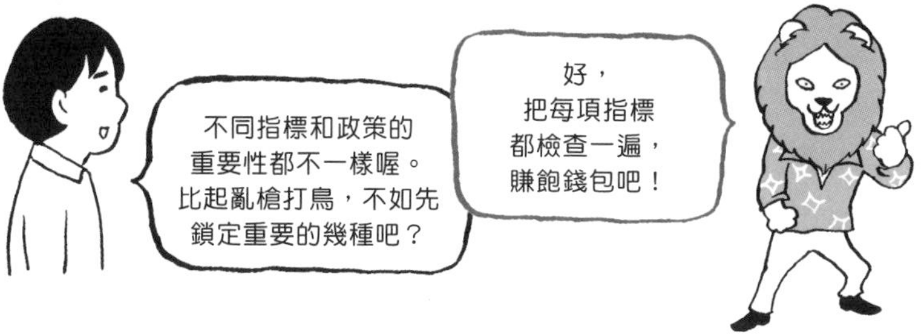
不同指標和政策的重要性都不一樣喔。比起亂槍打鳥，不如先鎖定重要的幾種吧？
好，把每項指標都檢查一遍，賺飽錢包吧！

基本分析的對象是「成對」的

如果金融政策和財政策略的方向正確，該國的經濟和景氣理論上會轉好。因此該國的貨幣價值就會上升。相反地如果市場的多數人不信任該政策，就會拋售該國貨幣，造成價格下跌。

外匯市場的投資人們便是透過觀察此類貨幣價格的波動，來推測政府和金融機關會採取何種措施。

每個人都努力地想找出貨幣升值或貶值的徵兆，比別人早一步布局。這就是基本分析的目的。然而，外匯買賣的是貨幣「對」。因此基本分析不能只觀察單一國家，必須同時分析與之成對的另一種貨幣才行。

在股票市場，政客的發言、公共事業以及各種規制都會影響股價。然而外匯是全球性的市場，政治性的發言比較沒有影響力。此外，門外漢的基本分析，很容易流於普通的妄想和臆測，所以還是不要自己一個人想太多比較好。

美元會上漲吧！
日圓會上漲吧！
美元
日圓

貨幣對的價格會因兩國的動態和國情而改變。

基本分析 3

留意金融政策公布的日期

基本面中最重要的就是主要匯率國公布的金融政策。

在各種經濟指標中，初學者最應該關注的，就是各國央行公布的金融政策。無論是初學者，還是只使用技術分析的投資者，都必須確切地掌握這項指標的公布日期。

尤其像日本銀行（BOJ）、美國聯邦儲備委員會（FRB）、歐洲中央銀行（ECB）、英國中央銀行（BOE）等四國的中央銀行，乃是負責管理日幣、美金、歐元、英鎊等主要通貨的機關，重要性遠勝其他經濟指標，其公布的金融政策會對金融市場造成極大的影響。

金融政策公布後，如果價格往預期的方向變動倒無所謂，但問題在於價格急遽地往反方向移動的時候。此時如果沒有做好停損，甚至有可能血本無歸。換言之，確實掌握金融政策公布的日期，提前做好停損，也是風險管理的一部分。

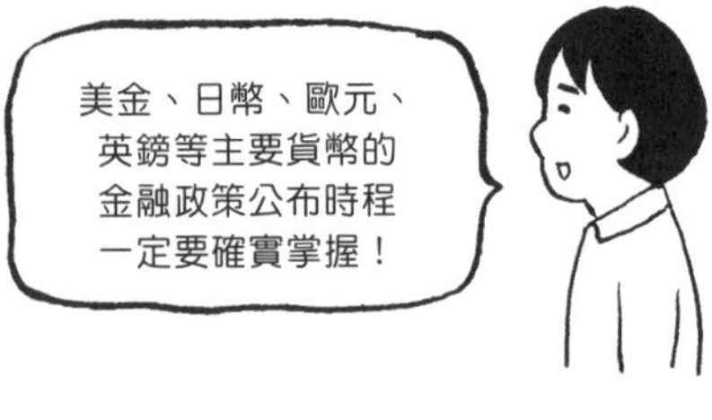
美金、日幣、歐元、
英鎊等主要貨幣的
金融政策公布時程
一定要確實掌握！

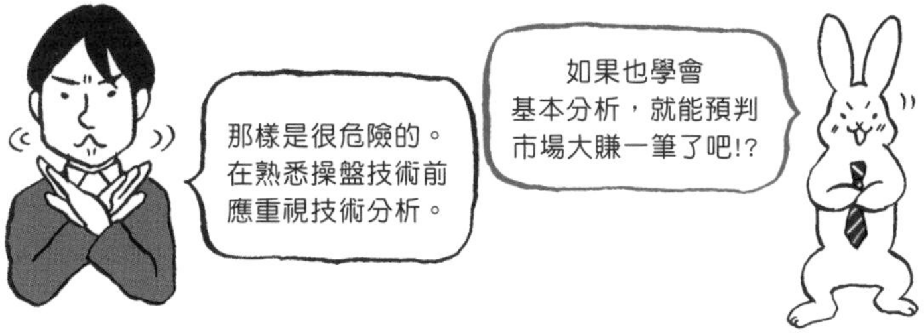
如果也學會
基本分析，就能預判
市場大賺一筆了吧!?
那樣是很危險的。
在熟悉操盤技術前
應重視技術分析。

此外，如果沒有預先掌握政策公布的日期，只是一味盯著線圖等待進場時機，有可能會因為太過專注於分析圖表，而不小心在政策公布前夕買進部位。萬一發生那種情況，若公布後市場急速轉向的話，初學者很難進行適切地應對。所以確實掌握政策公布的時程，也是一種避免危機的保險措施。

○曾使日圓大貶10圓以上的「黑田火箭炮2」

金融政策乃是對於基準利率的調整，而基準利率則是各國銀行設定利率時的參考標準。因為基準利率調升的話，貨幣可配發的利息也會變高，所以只要賣出利率低的貨幣、轉購利率高的貨幣，就能獲得更多利益。

換言之，央行公布政策是調升利率、降低利率，還是什麼都不做，便是市場關注的焦點。現在包含日銀在內很多國家的央行利率都在零點附近，故比起調升或調降利率，用金融寬鬆和金融緊縮來分類或許更實際。

P151的圖為2014年10月31日日銀開完貨幣政策會議（決定日本基準利率的會議）後，美圓兌日圓的價格走勢圖。也就是日銀實施後來被媒體稱為「黑田火箭炮2」的擴大寬鬆政策的時期。原本已從100日圓貶值到110日圓的日幣，在擴大寬鬆後又一下子急貶至121日圓。

基準利率一覽

基準利率	日期	相關貨幣對
FOMC利率公布	一年8次，約6週一次	美元／日圓、歐元／美元、英鎊／美元
ECB利率公布	一年8次，約6週一次	歐元／日圓、歐元／英鎊、歐元／美元
BOE利率公布	每月上旬	英鎊／日圓、英鎊／美元、歐元／英鎊
日銀貨幣政策會議	一年8次，持續2天	美元／日圓、歐元／日圓、英鎊／日圓

這個時候如果進場買進美元／日圓（買美金・賣日幣）的話，雖然可以獲得很大的利益，但若選擇賣出（賣美金・買日幣）的話，就會一下子慘賠。

由此可見，央行公布的金融政策，對外匯市場乃是很大的事件，公布後往往會造成極大的價格波動。因此，一定要確實掌握政策公布的日期。像我也會隨時把央行公布政策的日期寫在記事本或月曆上提醒自己。

○重要人士的發言也會影響價格

此外，決定政策的央行首長的發言也要特別留意。

一如左下的圖表，央行的行長或總裁發言的機會，不只限於公布金融政策的時候，還有「演講」或「接受國會質詢」等場合。所以一定要確認他們最近是否有公開發言的機會，避免在那段時間前夕進場交易。

至於除此之外的重要人士的發言，只要照第5章我們說過的方式預先設好停損單，用一般的風險管理即可應對。

基本面影響利率的例子

例1：央行公布政策

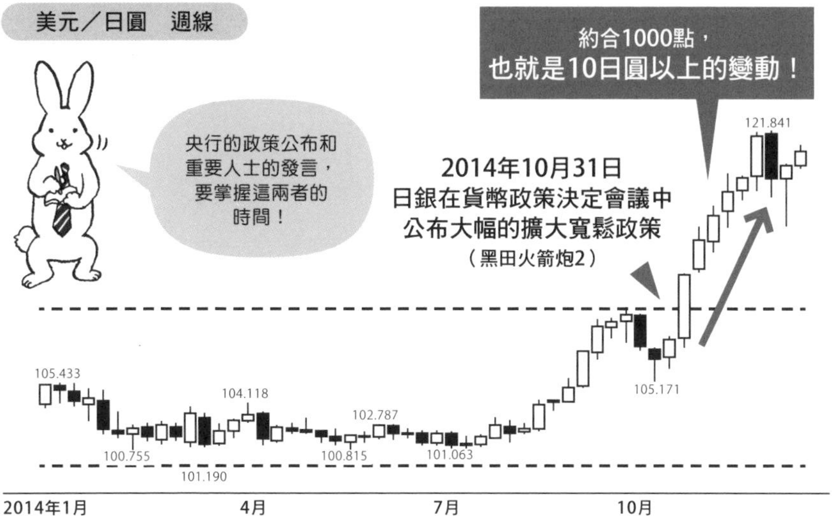
美元／日圓　週線
約合1000點，
也就是10日圓以上的變動！
央行的政策公布和
重要人士的發言，
要掌握這兩者的
時間！
2014年10月31日
日銀在貨幣政策決定會議中
公布大幅的擴大寬鬆政策
（黑田火箭炮2）
121.841
105.433
104.118
102.787
105.171
100.755
101.190
100.815
101.063
2014年1月
4月
7月
10月

例2：重要人士的發言

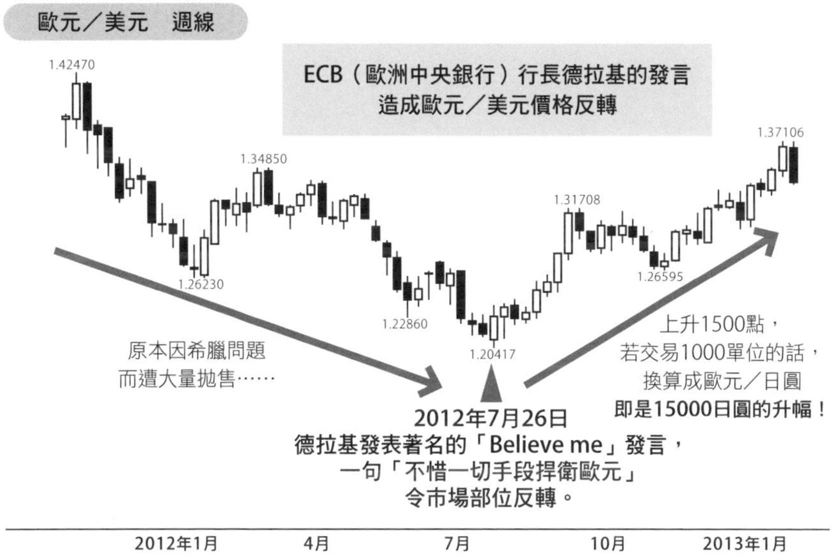
歐元／美元　週線
ECB（歐洲中央銀行）行長德拉基的發言
造成歐元／美元價格反轉
1.42470
1.34850
1.37106
1.31708
1.26230
1.26595
1.22860
1.20417
原本因希臘問題
而遭大量拋售……
上升1500點，
若交易1000單位的話，
換算成歐元／日圓
即是15000日圓的升幅！
2012年7月26日
德拉基發表著名的「Believe me」發言，
一句「不惜一切手段捍衛歐元」
令市場部位反轉。
2012年1月
4月
7月
10月
2013年1月

基本分析 4

從市場的動態推測基本面

用圖表即可輕鬆看出市場多數派的動態。

雖然基本分析對新手來說很困難，但有個方法可以得知用基本分析追蹤行情的市場多數派的動態。那就是圖表。

一般而言，如果多數人認為「央行很快會調升利率」，那麼大家就會搶在該貨幣公布金融政策前先行買進。而這個行動通常會反映在圖表上。

所以即便是初學者，只要確實掌握央行政策公布的日期，在觀察圖表時便可思考「為何市場會出現這種變動」，推測出可能是接下來的利率公布或其他事件在影響市場。這就像一種從價格波動反推出基本面的聯想遊戲。

○市場參加者喜歡比別人搶占先機

左圖為前一節的「黑田火箭炮2」公佈時，2014年10月31日前後的美元

市場多數派的想法稱為「共識（consensus）」。這是常常出現的詞彙，可以的話就記起來吧！

基本面的影響會反映在圖表上

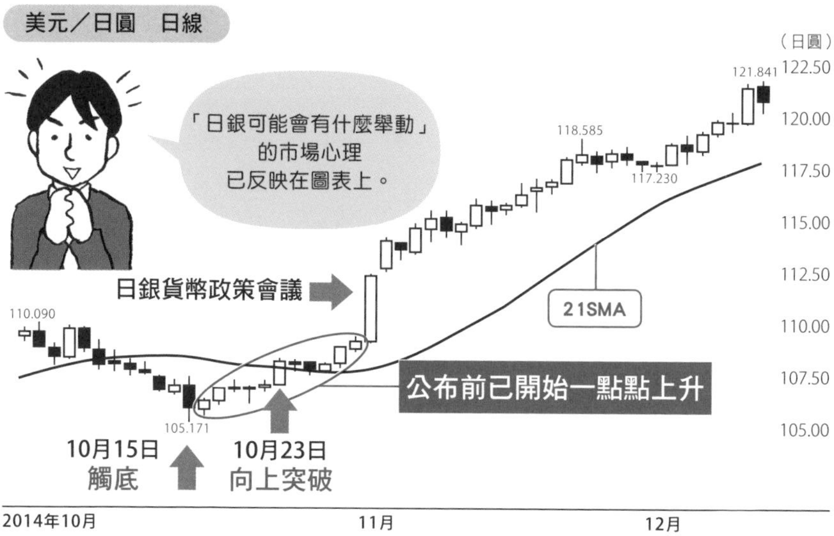
美元／日圓　日線
（日圓）
122.50
120.00
117.50
115.00
112.50
110.00
107.50
105.00
「日銀可能會有什麼舉動」
的市場心理
已反映在圖表上。
121.841
118.585
117.230
110.090
105.171
日銀貨幣政策會議
21SMA
公布前已開始一點點上升
10月15日
觸底
10月23日
向上突破
2014年10月
11月
12月

／日圓日線圖和21單純移動平均線（21SMA）（P151為週線圖）。從這張日線圖可以看出，美元兌日圓的價格在通過10月15日的低點後開始一路上漲，並於23日站上21SMA。

雖然日銀在31日的政策公布令各界意外，但從圖表來看，價格從31日前便一直在上揚，代表外匯市場可能早已隱約懷疑「日銀可能會做出什麼行動」。

只要像這樣用圖表的波動配合重要事件的時程來思考，便可以更容易地理解基本面和價格波動的關係。

還有，一如這份圖表所示，若移動平均線等基本技術指標皆釋放了買賣的訊號（本例為價格站上21SMA），

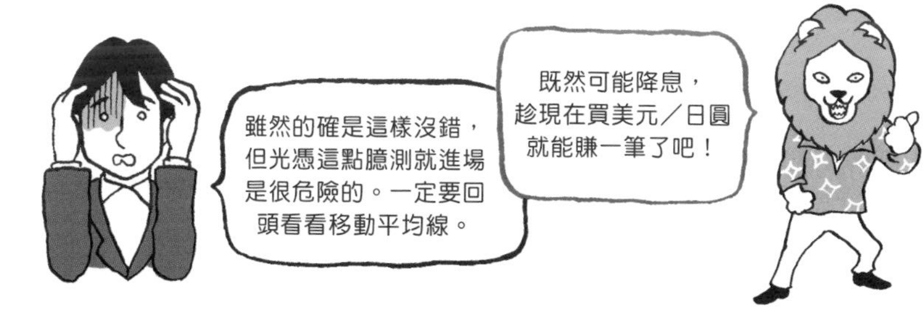
既然可能降息，
趁現在買美元／日圓
就能賺一筆了吧！
雖然的確是這樣沒錯，
但光憑這點臆測就進場
是很危險的。一定要回
頭看看移動平均線。

且基本面也存在促使價格波動的因素，那麼這個訊號的可信度就很高。因此可以放心地跟隨訊號進場交易。不過，當然還是不可以忘記設定停損單。

○有時現實情況也會背離市場預期

不過，市場心理並非總是正確的。

左圖為澳幣／美元的60分線圖。圖中的暴跌乃是因為澳洲央行（澳洲儲備銀行＝RBA）下修了澳幣的利率。其實原本事前市場的共識就認為澳洲央行應該會下調利率。

然而，在政策公布前夕，市場上開始廣傳「說不定不會降息」的謠言，匯率也隨之上升。若單從圖表來看，價格也確實站上60分線的504SMA，來到三條移動平均線之上，釋出買進的訊號。

但是，之後澳洲央行卻公布降息，導致匯率急速暴跌。由此例可見，利率公布前的市場價格會受到各種謠言的干擾，所以圖表所示的投資人動態不一定總是正確的。

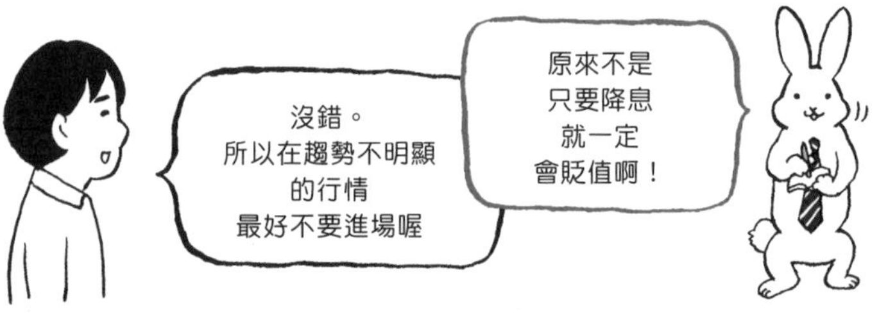
原來不是只要降息就一定會貶值啊！
沒錯。所以在趨勢不明顯的行情最好不要進場喔

即使出現訊號，價格也可能往反方向走

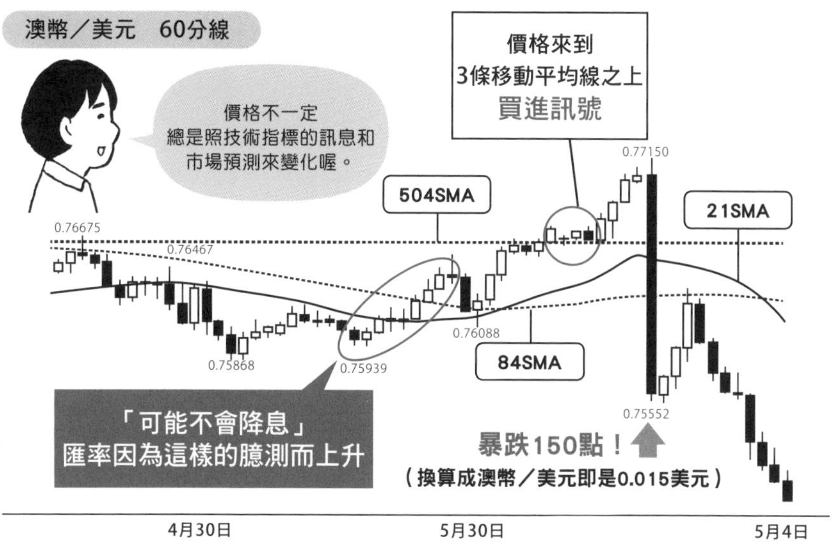

○預防意料之外的改變

從結論來說，初學者即使使用技術分析，在重要事件的前夕最好還是避免交易比較安全。遇到不確定的情況時就「休息」。在金融政策或就業率公布等不確定會發生什麼大事件的時候交易，是風險很高的行為。

比起追求利益，初學者更應該極力避免損失才對。

基本分析 5

理解基本面的關鍵字

應該注意基本面的什麼，直接諮詢別人的意見更快。

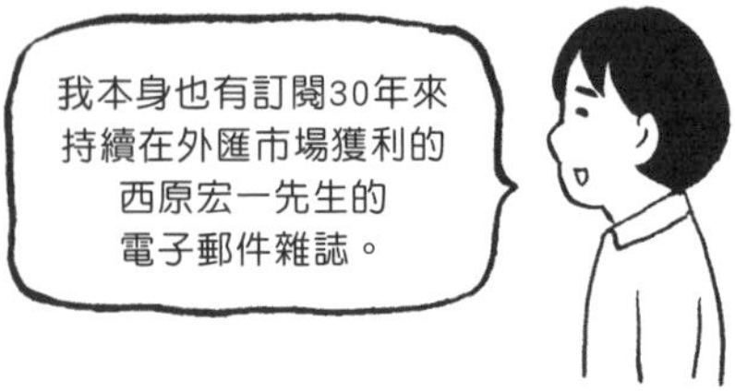
我本身也有訂閱30年來持續在外匯市場獲利的西原宏一先生的電子郵件雜誌。

基本分析關注的經濟指標，會隨著該時期的經濟情勢、貨幣對的狀況而改變。因為這會受到市場參與者的心理影響。

應該關注基本面的哪個部分，必須每天觀察市場、閱讀新聞，實際去感受市場參與者究竟都在關心什麼，才能得知。

然而，這真的非常困難！

對初學者來說，訂閱自己信任的人的電子郵件雜誌或推特來接收情報，利用那些人來過濾出重要的資訊，或許會是比較好的方法。如果很多人都在使用某個關鍵字，即可推測那個關鍵字正受到市場的關注。然後我們便可稍微進行調整，遠離或進場交易與該關鍵字有關的貨幣對。這種關鍵字的搜索，也可以運用推特等即時性的社群網路進行。

請大家也追蹤我的推特@maru3rd喔！

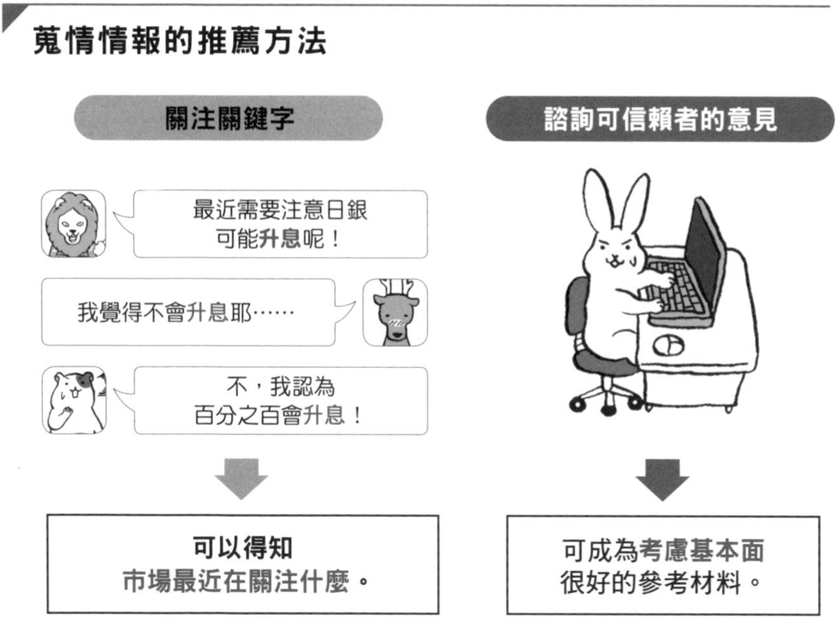
蒐情情報的推薦方法
關注關鍵字
最近需要注意日銀
可能升息呢！
我覺得不會升息耶……
不，我認為
百分之百會升息！
可以得知
市場最近在關注什麼。
諮詢可信賴者的意見
可成為考慮基本面
很好的參考材料。

○參考外匯投資經驗豐富者的眼光

另一種有用的過濾方式，便是長期追蹤自己信賴的投資人的情報。這點可運用推特等社群網路、部落格，或是電子郵件雜誌進行。尤其是長年在外匯市場打滾而沒被淘汰的人，他們的思維在判斷容易迷惑的基本面時很有參考價值。如果一直買進的人突然轉賣，或是平常不太出手的人突然進場，皆可透過長期的追蹤觀察發現。有時這可能會成為解讀市場基本面的關鍵。

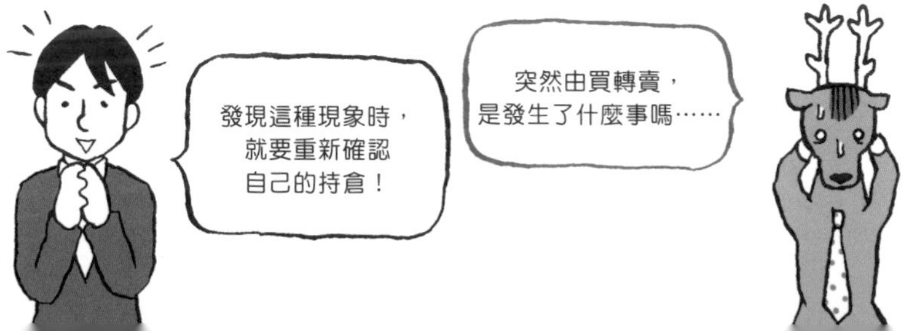
突然由買轉賣，
是發生了什麼事嗎……
發現這種現象時，
就要重新確認
自己的持倉！

基本分析 6

價格會因議題而大幅波動

多數派都在關注哪些事呢？外匯市場是隨主題而動的。

外匯市場現在正關注什麼事情，對於基本分析而言是非常重要的材料。這又稱為「市場主題」，也就是指市場上的多數派現在正關心的議題。

例如2012年下半年，日本最火熱的議題便是政黨輪替，以及日銀在安倍經濟學下實施了**異次元寬鬆**，因此「賣日圓」、「投資日股」便成為當時市場的主題。所以全世界的投資人都開始拋售日圓，使得美元兌日圓的匯率一度從2011年的75日圓上升到2015年的125日圓，四年內升值高達50日圓（5000點）。新政府剛上台時，由於市場仍在觀望日本政府和日銀是否要來真的，所以升幅原本並不明顯。然而2013年4月，日銀實行名為「異次元量化寬鬆」的大規模貨幣寬鬆政策後，這個主題便一口氣爆發，讓日圓大幅貶值。

這類基本面的波動，通常都會伴隨央行的動作，又或是重要人士的發言。同

異次元寬鬆
日銀實施的「量化寬鬆政策」的別稱。這項以擺脫通貨緊縮為目的的金融政策，使市場決定拋售日幣。

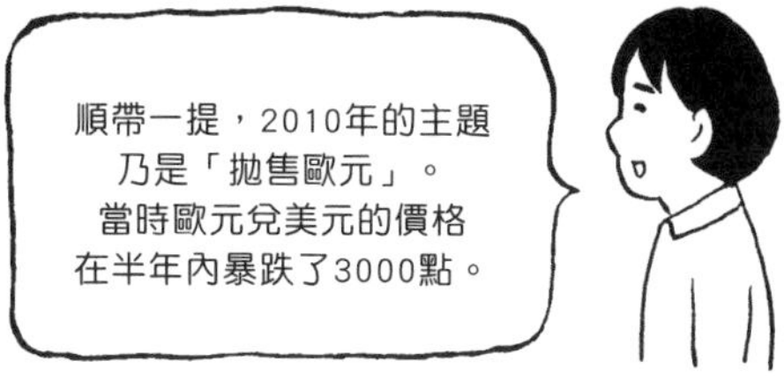
順帶一提，2010年的主題
乃是「拋售歐元」。
當時歐元兌美元的價格
在半年內暴跌了3000點。

時也會表現在圖表上。因此，即使電視上出現什麼大新聞或話題，也不需要急著進場交易。初學者一旦慌了手腳，就會無法冷靜地判斷局勢，成為市場上的冤大頭。首先應該想清楚現在市場的主題為何？大方向往哪裡走？多數投資人重視的是什麼？然後再來觀察圖表。

基本面的知識只要慢慢吸收就好

在前一頁提到的例子中，雖然美元／日圓的價格上漲了50日圓之多，但如果妄想把這5000點的匯差全部賺進口袋，反而有可能因為急著進場而掉入陷阱。應該抱著「才剛入門就賺到錢，真是不好意思」的謙虛態度，只以稍微從市場分一點利益為目標就好。

如果要用基本分析進行交易的話，請先從簡單的部分（例如經濟指標的重要性、公布日期等）開始嘗試吧！

以技術分析為中心持續累積交易經驗、在外匯市場生存下來，然後慢慢學會基本面的知識，我認為是在外匯世界成長最好的方法。只要保持對外匯交易的興趣，知識和收益自然會隨著時間慢慢增加。

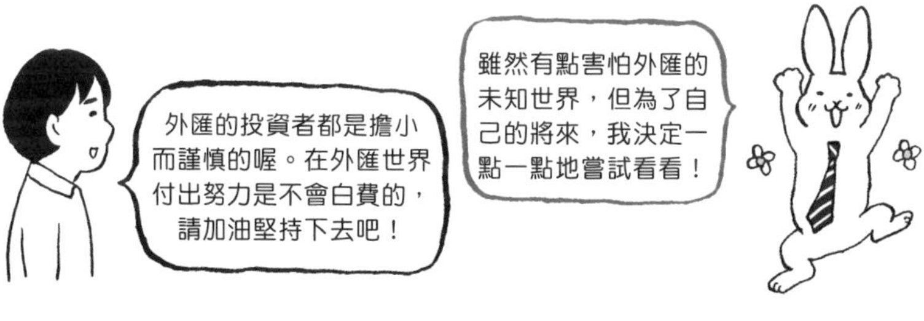
雖然有點害怕外匯的未知世界，但為了自己的將來，我決定一點一點地嘗試看看！
外匯的投資者都是擔小而謹慎的喔。在外匯世界付出努力是不會白費的，請加油堅持下去吧！

◎ 著者

田向宏行（Tamukai Hiroyuki）

獨立投資者。
大學畢業後，曾挑戰資格考試卻名落孫山。求職也屢戰屢敗，只好選擇自己創業。在經營事業的過程中開始接觸投資。及後賣掉公司，成為獨立投資者。外匯投資的經歷始於2007年，40歲過後才開始第一筆交易。
2009年開始經營部落格「虹色FX」。
2010年開始在月刊「FX攻略.com」的外匯專欄上連載。
2011年開始在「INVAST證券dealers battle」上教導讀者市場觀
2012年開始在西原宏一的電子郵件雜誌上，用DiNapoli分析法進行市場分析。
同時也曾擔任外匯和投資相關書籍的企劃和日經廣播電台的節目製作，以及外匯投資講座的活動企劃和報告主筆。
週末常打網球，平日則在健身房對抗歲月。

部落格（虹色FX） http://maru3rd.blog85.fc2.com/
Twitter http://twitter.com/maru3rd

◎ 日文版staff

圖表提供 Central Tanshi FX株式會社
插圖 伊藤倉鼠
內文設計 西垂水敦（krran）
DTP 竹崎真弓、佐佐木祐樹（株式會社LOOPS PRODUCTION）
編輯・製作 金丸信丈、中野佑也（株式會社LOOPS PRODUCTION）

低風險、低本金、高獲利！
新手也能穩定獲利的外匯交易入門

2017年 7 月 1 日初版第一刷發行
2023年 8 月15日初版第七刷發行

作　　者 田向宏行
譯　　者 陳識中
編　　輯 邱千容
發 行 人 若森稔雄
發 行 所 台灣東販股份有限公司
<地址>台北市南京東路4段130號2F-1
<電話>(02)2577-8878
<傳真>(02)2577-8896
<網址>www.tohan.com.tw
郵撥帳號 1405049-4
法律顧問 蕭雄淋律師
總 經 銷 聯合發行股份有限公司
<電話>(02)2917-8022

國家圖書館出版品預行編目資料

新手也能穩定獲利的外匯交易入門：低風險！低本金！高獲利！ / 田向宏行著；陳識中譯. -- 初版. -- 臺北市：臺灣東販, 2017.07
160 面；14.7×21 公分
譯自：臆病な人でも勝てる FX 入門
ISBN 978-986-475-400-7(平裝)

1. 外匯交易 2. 外匯投資 3. 投資技術

563.23 106008825